fin de l'Occident, naissance du monde

西方的终结，世界的诞生

[法国] 埃尔维·康普夫___著

（Hervé Kempf）

朱邦造___译

江苏人民出版社

图书在版编目（CIP）数据

西方的终结，世界的诞生 / （法）埃尔维·康普夫著；
朱邦造译. —南京：江苏人民出版社，2024.6
ISBN 978 - 7 - 214 - 26795 - 5

Ⅰ. ①西… Ⅱ. ①埃… ②朱… Ⅲ. ①政治学—生态
学—研究 Ⅳ. ①D0

中国国家版本馆 CIP 数据核字（2024）第 024702 号

fin de l'Occident, naissance du monde by Hervé Kempf
Original french edition published by Éditions Du Seuil
Copyright © Éditions Du Seuil, 2013
This simplified Chinese edition published by arrangement with Éditions
Du Seuil
SC edition copyright © 2024 by Jiangsu People's Publishing House
All rights reserved

江苏省版权局著作权合同登记号：图字 10 - 2019 - 420 号

书　　　名　西方的终结，世界的诞生
著　　　者　[法国] 埃尔维·康普夫
译　　　者　朱邦造
责 任 编 辑　强　薇
装 帧 设 计　赵春明
责 任 监 制　王　娟
出 版 发 行　江苏人民出版社
地　　　址　南京市湖南路 1 号 A 楼，邮编：210009
照　　　排　江苏凤凰制版有限公司
印　　　刷　江苏凤凰扬州鑫华印刷有限公司
开　　　本　787 毫米×1092 毫米　1/32
印　　　张　6.25　插页 1
字　　　数　82.8 千字
版　　　次　2024 年 6 月第 1 版
印　　　次　2024 年 6 月第 1 次印刷
标 准 书 号　ISBN 978 - 7 - 214 - 26795 - 5
定　　　价　36.00 元

译者前言

　　本书由法国瑟伊（Seuil）出版社于 2013 年出版。作者埃尔维·康普夫既当过记者，又是作家，长期从事政治生态学研究，著述颇丰，在法国国内外均有一定影响。本书出版后很快被译成多种文字。

　　政治生态学是研究政治与生态相互影响的一门新兴学科。它既研究人类社会政治、经济、文化对生态的影响，也研究生态对人类社会政治、经济、文化的影响。在本书中，埃尔维·康普夫正是从这一角度出发，重新审视了人类自出现在地球上以来的发展轨迹，从而得出了资本主义发展模式，尤其是新自由主义发展模式，已使地球生态系统的承受能力达到临界点，且这一发展模式已难以为继的结论。

作者认为，人类社会当前所面临的核心问题是，继工业革命时代出现"大分流"后，由于新兴国家的奋力追赶，人类社会的发展出现了"大汇流"的趋势，世界平均生活水平出现趋同现象。然而，地球生态条件的种种束缚，使得西方的生活条件不可能在整个世界普及。

面对这一问题，西方应做出怎样的回答？我们还记得，十多年前，美国前总统奥巴马曾说过："如果十几亿中国人民按照美国人一样的生活方式生活，那么我们都会陷入十分悲惨的境况。"因此，美国的态度是要坚定地捍卫"美国生活方式"，而阻止大汇流的出现。但作者的态度迥然不同，他认为，为了世界的公平和社会的正义，每个人都应获得自己应得的一份，这就意味着必须降低西方人的生活水平，西方在物质上"变穷"将是不可避免的。埃尔维·康普夫应当是世界上第一个发出这一声音的人。

面对这一变迁，西方人何以自处？或者，为适应这个即将到来的新世界而做出必要的调整；或者，以暴力泛滥为代价对抗历史发展的方向。面对悲观的局势，作者却得出了乐观的结论，他认为，一个新的世界是可能的，并为此提出了"变迁之路"。

本书篇幅不大，但内容却决不单薄。它涉及了人类社会历史、现实和未来的诸多重大问题，论述深刻，并每有洞见，阅来发人深思。自然，书中所述有些情况自本书出版以来发生了变化（如，作者根据当时资讯对能源价格趋势所作的预测，就与实际走势并不相符），有些观点我们不一定同意，但这并不影响我们对本书的总体评价。

需提请读者注意的是，本书对新石器时代的定义与一般意义上所说的新石器时代不同。考古学家设定的新石器时代时间区段从1万多年前开始，距今5000多年至2000多年结束，作者则将这一时间区段延长至工业革命。但如果考虑到，新石器时代发生的农业革命所形成的农业文明一直延续到工业革命所形成的工业文明的诞生，这种说法亦言之成理。

另外，书中有一关键词为作者自创，即"bio-lithique"一词。此词中文无译名，但"bio"是"生物""生物学"的前缀，"lithique"是"岩石""石器"的后缀，故在文中译为"生物石器"，未知当否，特此请教于方家。但此词在文中的含义是清楚的。作者认为，新石器革命的特点是有效地利用资源，却无视生物圈的各种调节功能，而人类将要进入的新时代——"生物石器"时代，其特点则是人类和地球上其他生物物种的共同繁荣兴旺。作者将这一新时代仍称为"石器（-lithique）"时代，想来是要保持与旧石器（paléolithique）时代和新石器（néolithique）时代的延续性，而"生物"（bio-）则标示这一新时代的特点。

本书译稿于 2020 年初我国全民抗击新冠肺炎病毒"宅"在家中期间完成，亦是对这一特殊时期的一个纪念。译文若有错讹不当之处，敬祈读者指正。

译 者

目　录

目录

一、 无垠大地上的跣足者①

仰望星空的人有福了。

能够仰望星空的人有福了。

想到要仰望星空的人有福了。

在这遥不可测、群星璀璨的壮美夜空中，映射出无限宇宙中人类存在的奥秘。距离与时间相互交织，相互促成。

天空可以看见。时间可以想象。会思想的人则用数字来描述自己历史的起源。150 亿到 200 亿年前，宇宙在大爆炸中诞生了。45 亿年前，地球形成了。10 亿年前，生命出现了。

　　蓝天悠悠，时光流逝，生命散播，地球上人类繁衍。

　　说到人类，就必须变换尺度，把我们观察时间的跨度拉长 1000 倍，进入最近这 10 亿年间，并以百万年为单位做出推论。于是，我们看到地球命运的一大转折：6500 万年前，恐龙的灭绝为哺乳动物时代开辟了道路。

　　哺乳动物中，人们开始分辨出类人猿，在缅甸发现了它们 4000 万年前的踪迹。这些动物体重仅几百克，其中的一些迁徙到了非洲。

　　让时间继续流逝，我们来到 700 万年前，人从其灵长类兄弟们中分离出来：灵长类中只有人科动物变得能够持续用下肢行走，而不再在树上攀爬。

　　于是，非洲的历史开始了。人类的进化与气候的变化交织在一起。气候决定着植被和环境条件，即科学家所说的一个物种的小生态，也就是这一物种的居住方式、饮食制度及其与其他物种的关系。千万年来，气候变冷，又变暖，又再次跌入冰期。由地球运行轨迹不规则决定的突然变化，改变着生态条件，也改变着演化的压力：物种必须发生变迁，否则就会灭绝，并让位于别的更好地适应了变化的物种。

260万年前，气候变化加剧，人属（Homo）形成。200多万年前，人开始利用最初的工具，对环境施加影响。170万年前后，气候再次变冷，非洲的森林面积缩小，于是出现了直立人（Homo erectus）。直立人不再栖居于树上，而变成了能够在开阔的地面上长距离奔走的狩猎者。他们不再囿于狭窄的小生态，他们狩猎、采集，探寻着热带草原、森林和未知世界的边界。人类祖先的双脚第一次迈出了非洲。

他们穿过巴勒斯坦，那里是连接非洲、亚洲和欧洲三大陆的走廊。人们发现他们到达了中国。华北地区发现的工具证明，他们是160万年前到达那里的。100多万年前，他们进入了欧洲。

但是，并非所有人都离开了非洲，一些人留了下来，并学会了使用火。火的发现至关重要，因为这样一来，他们就可以把食物烧熟。咀嚼食物变得不再那么困难，他们的牙齿因此可以变小，给颅骨也给大脑留出得以变大的空间……

物种在三个大陆上并行演变，他们的体格发生了变化：在亚洲，是直立人；在欧洲，则是尼安德特人。在这两个大陆上，人类学会使用火的时间被证实为40万年前。

时间的范围继续缩小，最后100万年开始流逝，必须求助于一个更大倍数的放大镜。必须更确切地关注气候的变化，而科学家们相当准确地推定了气候变化的年代：地球上从冰期到变暖的气候变化，还将循环往复地发生20多次。最后一次冰期，也是最冷的冰期之一，从10万年前开始，到2万年前达到极值，与目前气候相比，平均要低4至5摄氏度。当时冰川面积为现在格陵兰岛和南极洲面积的两倍，海平面比今天低近120米。[2]

正是在这种情况下，进化出了后来成为现代人的人属中的一支：无论是化石还是遗传学都显示，他们的祖先是非洲的一个群体。大多数古生物学家看重的一种理论，即所谓"走出非洲"理论认为，约 7 万年前，智人（Homo sapiens）中总数仅约数千人的一群或数群人离开非洲，开始散布到地球的各个地方。

他们为何走出非洲？或许是因为 7.4 万年前苏门答腊岛上多巴火山的巨大爆发。这次爆发将巨量火山灰喷射到大气层中，致使天气急剧变冷，许多人因此死亡，仅剩几千人幸存下来。作为对于多巴剧变的一种回应，他们离开非洲，去寻找别的更适宜生存的地方。

这万把人，就是今天为数众多的人类的祖先。

这些迁居者的存活，更像是一场赌局，而非一次胜利的行进。他们依赖于环境，面对环境变化，他们始终处于一种不确定的状况。

一些人群向亚洲出发，约 5 万年前来到了澳大利亚。在澳大利亚，经过几千年，他们消灭了生活在那里的大型哺乳动物。智人很可能也取代了在亚洲已经演化了几十万年的亚种兄弟。在另一方向，一些人在

1.3 万年前跨过白令海峡，开始移居美洲。由于气候变暖使得阻隔欧罗巴半岛的冰层融化，来自非洲的另一些人群得以进入欧洲。在那里，他们远远地与尼安德特人共居一处，而尼安德特人消失在了历史的坟墓之中。他们是如何消失的，我们并不知道。

但可以肯定的是，从进化的大赌局中脱颖而出的智人，学会了适应各种十分不同的生态环境，发展出了克服自然束缚的各种技术和习俗，换言之，发展出了自己的文化。

大约公元前 2 万年，气候开始变暖，经过多次波动，于公元前 1.2 万年前后导致冰期的结束，开创了自那时以来人类所经历的稳定气候。地质学家将从那时开始的地质年代称为"全新世"。海水又升上来，将世界各大地区，如非洲—欧亚大陆，澳大利亚—新几内亚，以及南北美洲，相互隔离开来。此时，在地球的不同地方，在安纳托利亚、墨西哥、安第斯、中国的北方和南方以及非洲，都出现了农业生产：人类走出了靠狩猎和采集确保自身生存的历史，学会了种植植物，让它们为自己提供更多的食物。

这确实是一次革命，被称为新石器革命。生活方式的这一转变，导致了剩余食品的积累，人们在村庄和城市中的聚居，人类活动的多样化，以及人口数量成十倍的增长。然而，这一进步却并非幸福的保证：回头看去，人类的命运似乎并未得到改善。他们要比狩猎—采集者付出更多的劳动，活的时间更短，也更难填饱肚子。但是，回到旧石器时代是不可能的……

旧石器时代创造出了多样性的文化，新石器时代的文化更具多样性。在新石器时代，因不平等的出现而产生的统治阶级将剩余产品用于宗教或庆典活动，因此，这一时期文化的精细程度也要高得多。

但是，这两个时代之间有一个因素没有改变：在地球上的所有地方，所有人的平均物质消费水平都差不多。确切的数据阙如，物质消费概念本身在旧石器时代的狩猎—采集社会中就不存在。但所有的信息都指向生活条件的一致性。同样，在新石器时代，如果说新出现的各个农业社会中都形成了很大程度的不平等，那么平均而言，它们中的任何一个社会似乎都不可能让自己的成员享有一种迥异于其他社会的命运。

研究这一现实并对其作出解释的一个工具，是能源消耗量。无论在旧石器时代还是新石器时代，可使用能源都来自植物、动物以及木材的消耗，换言之，来自通过光合作用转化为可供人利用的能量的太阳能。实际上，那时，可使用多少能量，取决于人们捕捉动物的能力和可供捕捉的动物的数量，就像最早迁居澳大利亚的人们所曾经历的那样，以及后来人们种植植物的本领。历史学家估计，当时每人可使用能量为每天10000至15000千卡（或每年15000至22000兆焦耳）。③

在整个地球上，千百年来，对所有人而言，能源都是有限的。无论他们的文化特征、不平等程度或作战能力如何，稀缺性都是所有社会共同的命运。

注释

① 本章参考了科学杂志及其他杂志上的众多文章，以及与一些古生物学家的谈话。Jean-Jacques Hublin, *Quand d'autres hommes peuplaient la Terre*, Flammarion, Champs，2008，是一本可贵的指导书籍。

② 关于旧石器时代的气候问题，参见 Jousseaume, Sylvie, *Climat d'hier à demain*, CNRS édition, 1999。

③ Cipolla, Carlo, "Sources d'énergie et histoire de l'humanité", *Annales. Economies, sociétés, civilisations*, n°3, 1961, pp. 521-534.

二、 大分流

后来发生了什么呢？数十种文明，无数次冒险，数不清的战争故事或爱情故事，关于嫉妒或关于虚荣的故事，还有不可胜数的发明。苦难与艰辛，一代又一代重复的劳作，狂热的痴迷和对美的耐心创造，贫穷与满足。

在用文字书写的人类史惊人的多样性中，让我们记住一个不变的要素：可供利用的物质能源的稀缺性。

由此出发，我们来审视 1 万年前起始的漫长的新石器时代的某些特点。这一时期，从地球的一端到另一端，各不相同的人们，通过贸易或通过战争，相互使对方经受着考验。这里，我们又要调整时间焦距，不再用千年而是用世纪作为时间的标尺。

欧洲，一个普通的世界[①]

很长时间里，欧洲只是世界的一个地区。回首望去，它之所以具有特殊的重要性，是因为，在历史的一个特定时刻，它显示出了自己的与众不同，从而使人类的道路发生了决定性的转折。关于这一点，我们将在下文述及。但是，欧洲编年史上出现的种种波折同世界其他地区一样引人入胜，或者，换一种角度看，同样具有决定意义，帝国、王国、领地和部落都以同样固执的激情表现着自己。

近几十年来，世界贸易交流经历了巨大的扩张，作为这一现象的后果，今天的历史学家们比他们的前人更细心地寻求解密古代各文明之间的交流。人们因此知道，早在旧石器时代，那些分散的部落之间就通过一些几乎不为人所知的渠道相互交易，比如交换黑曜岩片，那是一种形成石刃的火山石（译者按：中国人亦称之为燧石）。②

新石器时代促进了人口的增长和复杂社会的形成，并大大扩展了物品交换的路径和数量。例如，人们发现，在埃及、美索不达米亚和印度河流域各民族之间，或在中国和美索不达米亚各民族之间有着密切的接触。公元前138年，中国的汉武帝派遣张骞出使中亚，他来到了希腊人定居点巴克特里亚（大夏），今天这里是阿富汗的一座城市，叫作巴尔赫。张骞凿通了今天人们所说的"丝绸之路"，正是通过这条商路，古罗马从中国进口珍贵的丝绸织物，当时只有中国掌握这门技术。货物经由这条路穿越亚洲，但却是经过一个个中间商转手，以致汉帝国和罗马帝国之间从未有过直接的接触。

张骞之后二百年，另一位使节甘英西行，但他却远未抵达罗马，在到达美索不达米亚后即掉头返回中国。东方和西方尚未准备好相逢。中国的丝绸用船通过海路运往印度，然后满载香料或辛香佐料返回。印度的香料也通过埃及运到罗马。

公元后第一个千年的最初几个世纪里，中国汉帝国和罗马帝国这两大帝国相继崩塌。公元 7 世纪，伊斯兰教开始了令人不可思议的扩张，并扩大了新石器时代贸易的范围，在亚洲和地中海的海上航路外，又加上了一个靠单峰驼载货穿越沙漠的沙漠商路网络。这样就在东西非洲、亚洲草原民族、中国和印度之间建立起了联系。此后不久，从罗马帝国崩溃引起的萧条中醒来的欧洲人，又重新建立起相互联系，并发起十字军东征，他们发现了香料，也发现了已在 11 世纪全面复兴的中国宋朝的技术发明：船舵和纸。从印度，欧洲人引入了"阿拉伯数字"；从伊斯兰国家，他们引进了算盘和星盘。

在第二个千年开始时，中国是世界上最富有的国家。正是在宋朝（960—1279），中国北方的矿井开始采煤，从而开始了化石燃料最早的有效利用。③

13 世纪，蒙古人一度统一了欧亚大陆中部所有地区，建立起了一个世界上从未有过的大帝国。他们连接起了欧洲和中国，使欧洲得以从中国人和伊朗人那里学会了使用火药和大炮。

实际上，西欧尽管在中世纪开始对外扩张，尽管它的大教堂绚丽辉煌，却并不比世界地图上任何一个地方更重要。它经历了罗马帝国崩溃后的解体和无政府状态，中世纪复苏后，又由于黑死病的传播经历了一次巨大的倒退。黑死病于 1348 年达到顶峰，8000万欧洲人中近一半死于黑死病和并发疾病。这场令人难以置信的大灾难后，欧洲竟又在文艺复兴中崛起。"复兴"一词本身就说明，此前曾发生过致命的灾祸。假如在互不相识的文化之间比较差距有某种意义的话，那么，正是这场首先从意大利兴起的文艺复兴，使落后的欧洲追赶了上来。

与此同时，1405 年，中国的永乐皇帝派舰队司令郑和率领舰队沿印度支那海岸，经印尼群岛、印度、马尔代夫，进入波斯湾，抵达非洲东部。他的船队给人留下深刻印象，这支船队包括数十艘长 60 米的船只（译者按：此处不确。据《明史·郑和传》，当时所造"大舶"长 44 丈，宽 18 丈，即长 140 米，宽 57 米，排水量近 3 万吨。）——这几乎创造了当时世界上建造木船的纪录。面对如此精湛的技术水平，某些历史学家想象中国航海家完全可能横渡太平洋，直抵旧金山海湾。④但中国没有发现美洲。1433 年，郑和逝世标志着中国远航时代的结束。远航饱受文官们的批评，他们惋惜远航开销太大，主张退回大陆。另一方面，中国北方的战争也吸引了皇帝的注意力。中央帝国的海上历险结束了。1500 年时，中国甚至禁止建造三桅以上的船只。

那么，欧洲人为何要冲向海洋呢？自相矛盾的解释恰恰是由于他们的弱小。欧洲在十字军东征时带回了对香料的爱好。今天的人们很难想象，在当时食物少盐寡味的时代，香料是多么珍贵。胡椒按粒出售，且与同样重量的白银等价。更何况，教堂举行宗教仪式也需要香料。

然而，虽然当时印度洋上各国商船往来甚为频繁，香料的资源却掌握在土耳其和阿拉伯商人手中。找到替代航路，摆脱对这些商人的依附，期盼香料难以置信的高价能给自己带来巨额利润，这对于远程贸易商人和为获得财富不惜冒险的海员来说，都极具诱惑力。例如，1522年，麦哲伦环球航行船队最后一条船从摩鹿加群岛带回26吨香料，其赢利竟高达500杜卡托（一种威尼斯金币），除了赔偿船主损失的另外4艘船外，还大赚了一笔。⑤

绕过非洲，这是多么漫长而又艰难的航行啊！人们由此产生了一种想法，跨越大西洋，绕过土耳其人和阿拉伯人的阻碍，直抵传说中的印度……

15世纪末16世纪初，在一代人的时间里，数百条船只——比郑和的宝船要小得多——沿非洲海岸探险，在美洲靠岸，环绕地球航行，世界的范围由此确定，世界各地因此而连接在一起。

他们没有找到香料，却找到了黄金，还找到了一个不为亚洲或伊斯兰帝国所知的巨大空间，这个空间将被证明是一个神奇财富的来源。

种种原因可以解释那些西班牙征服者为何能以令人咋舌的速度征服阿兹特克帝国和印加帝国。例如，1521 年，从未超过 600 名士兵的科尔特斯的军队，是如何打败与其对峙的 4 万名士兵的呢？对手的分裂，西班牙人会使用火药、会骑马，超出自身能力限制的古老文明的脆弱性，这些无疑都起了某种作用。

但是，对于这一令人目眩的崩溃，生物环境可能起了更重要的作用。例如，它使得墨西哥的土著人口由 1519 年的 2500 万降到 1605 年的 100 万。自从美洲人的祖先几千年前越过白令海峡后，他们便一直与世界其他地区隔绝。他们适应了完全不同的生态环境，尤其是在病毒和细菌方面。而欧洲人几百年来已经适应从天花到痢疾或感冒等各种疾病，经历过无数创伤的幸存者对这些疾病具有免疫力。他们随身携带来的这些不速之客，被证明是人类所经历过的最可怕的战争武器。

这样，在发现美洲的 1492 年，征服阿兹特克帝国的 1521 年，麦哲伦环球航行的 1522 年，发生了一个决定性的转折，一个直至那时并不自信、仍然分裂的文明，开始了新的崛起，并将征服世界广袤的地区。

欧洲人何以能颠覆世界?⑥

全球海上探险和征服南北美洲促成了欧洲人的首次飞跃。自 18 世纪末起，他们又通过工业革命，将其新的动力持续下去，从而产生了一种惊人的优势。确实，在 1750 年至 1850 年间，发生了历史学家彭慕兰（Kenneth Pomeranz）所说的"大分流"。通过这次分流，欧洲将自己的命运与世界其他地区的命运明显区分开来，并推动全球进入了一场与新石器革命同样重要的变迁。

让我们记住，在这场大分流之初，欧洲人仍很清楚地意识到他们与其他强国尤其是与中国相比，自己的弱点乃至劣势。克里斯托弗·哥伦布冲向大西洋驶往神秘的印度时，他的行囊中还带着致中国大汗的一封信⑦。此后很长时间里，中央帝国一直打动着迷恋中国瓷器的欧洲精英们的心。在伏尔泰看来⑧，"中华帝国的政体是世界上最好的，它是唯一完全建立在父

权之上的政体……它是唯一一个当总督卸任时得不到
民众欢呼就会受到惩戒的政体；它是唯一一个为德行
规定奖赏的政体，而在其他任何地方，法律仅限于惩
罚罪行。"这位法国哲人却也意识到欧洲新的进步：
"在科学方面，中国人还处在我们二百年前的地步。"
印度不像中国那样引人着迷，但也是一个勤劳而繁荣
的国家。1700年时，印度是世界上最大的纺织品生产
国，其纺织品大量出口到英国。

　　然而，在潜在的巨变发生之前，最重要的仍是这
样一个事实：1750年前后，欧亚大陆东西两端最发达
地区的消费和收入水平十分相近。所有关注这一问题
的历史学家得出的结论都是，按照研究"生活水平"
所使用的各种指标——预期寿命、卡路里定量、可使
用能源、工人工资——来衡量，欧洲人的境遇并不比
中国人、印度人或我们掌握当时有关数据的世界上任
何其他民族的境遇更好些。彭慕兰仔细研究了大分流
初期中国江南地区和英格兰农村的情况，认为"这两
个地区农村人口的年收入如此接近，很难确定哪个地

区更胜一筹"。

总之，自新石器时代以来这数千年中，世界各地都处于这样一种状况：人类的大多数分享着共同的贫穷。虽然这时人口数量远多于旧石器时代，但在寿命长短、食物质量和健康等方面，人们还不比那个时候幸福。而且比起整个新石器时代构成贫苦人类最大多数的平民阶层来，过去狩猎采集者每天的劳动时间更短。⑨

既然欧洲人并不比同时代的中国人或印度人运气更好，那么，为什么他们能在 19 世纪建立起一种拥有无与伦比的生产能力并统治其他所有社会的文明呢？

经常对此作出的解释，是引证欧洲人文化特有的优点。人们往往提出的有：西方人的个人主义；基督教引申出来的时间观——时间是线性的和进步的，而非循环的；希腊人首先提出、基督教使之复兴的理性至上；欧洲人的创造性；乃至占有欲和追逐利润的顽念。

经济史学家则认为，农业技术革新可以对此作出解释。农业收成的提高导致人口增长，从而解放出了工业化所必需的资本和劳动力。但这究竟发生在何时，又是在何种因素推动之下发生的呢？

另有人分析了中国和印度在我们所研究的时代面临的内部困难：他们的政治和社会精力全都集中在了巩固内部稳定的任务上，不可能再费心去研究欧洲人面对的那些新现象。

在这个研究方向上，历史学家伊懋可（Mark Elvin）提出一个悖论式的解释⑩：他认为，中国之所以未能发生工业革命，恰恰是因为中国当时处于一种使得变革成为不必要的经济平衡状态。在这个"高度平衡陷阱"中，中国取得的成功导致它努力维护其成功，而不是寻求做得更好。中国的民众拥有良好的交通系统，稳定的国家，他们人口众多，农耕方法极具效率，这反而妨碍了他们通过机械化劳动为他们的投资获取更大的赢利。

此外，中国的市场如此广大，一地出现的匮乏很容易得到弥补，一处民众遭遇饥馑也可以迁移到更加富足的地方。因此，18世纪的中国足够繁荣，并无发生变革的动力。更何况，自14世纪起，主张安定和克制的儒家的影响力就超过了更倾向于革新和质疑的道家。

因此，18世纪末，中国处在同西北欧相似的发展水平。我们已经讨论了中国为什么没有走上工业革命的道路，还需要解释为什么欧洲，尤其是英国，突然走上了这条道路。

彭慕兰对这个问题作了精细的研究，他研究的依据是对英格兰与中国的一个面积同其类似的地区长江三角洲所作的比较。18世纪末，英格兰和其他地方一样，主要仍是一种农业经济，但它却难以再提高农作物产量。它缺少木材，而木材不仅用于取暖和烹饪，也用作最初的工场的燃料。相反，中国却不缺木材，1700年时，中国森林覆盖面积占国土面积的33％，而英国和法国却不足20％。而且，由于英国可耕地稀缺，羊毛和亚麻产量的扩大开始与农业生产争抢土地。实际上，英国的经济已经停滞，因为它受到了可供使用的物质资源，尤其是能源的束缚。

但是，有两个因素使英国走出了死胡同：煤的发现和两个世纪前海上探险开辟的北美大陆。确实，美洲被证明是一个巨大的原料储备库。土著原住民被无情驱逐后，"新世界"提供的土地保证了英国的棉花、蔗糖和农产品的供应。而在新石器时代，土地不仅提供食物，而且提供手工业和最初的工业所必需的主要原料：木材、纤维和纺织品。

这样，北美就成了大不列颠国土的延伸，这是一块天赐的"生态空间"，花费无多就能获取所缺乏的资源。例如，彭慕兰注意到，1801 年，英国人从安的列斯群岛进口的糖，若按其提供的卡路里计算，相当于英国 35 万公顷最佳农耕地的产量。同样，"如果不从美国进口棉花，英国人就必须将 930 万公顷土地用于种植亚麻，这比英国用于畜牧业和农业的全部土地面积还要多"。

从这一角度解释，工业革命之所以在欧洲兴起，不是由于东方和西方之间的本质区别，而是由于特殊的生态机遇。没有煤，没有美洲，欧洲就仍只有一种必须通过增加劳动强度，逐步提高农业产量，才能缓慢发展的经济，欧洲人就不会实现大跃进，世界也不会出现迅速而大规模致富的一部分人和人类社会其他人之间的分流。

而且，这种新的力量将会产生一种累积效应，使世界新的主人们得以通过从殖民地进口原材料，或者后来通过强行压低其经济所必需的原料，尤其是石油的价格的方式，优先占有世界生态空间。

令人惊讶的改善

正如人类学家克洛德·列维-斯特劳斯（Claude Levi-Strauss）指出的那样，工业革命是一场与新石器革命同样重要的变迁。[11]但是，如果说，对于发生了工业革命的国家而言，这是出于某种偶然或某种运气的话，那么，这场革命在人类历史上却引发了一场令人愕然的巨变。

其中最惊人的一个方面，是工业革命通过提高农业产量和控制婴儿死亡率而造成的人口爆炸。公元元年，世界人口约 1.7 亿人，1000 年时为 3 亿人，1500年时为 4.5 亿人，1815 年时则达到 10 亿人。在不到2000 年的时间里，世界人口增加了 5 倍，此后，在不到 200 年时间里又增加了 5 倍，到 2000 年时世界人口达到 60 亿。2013 年我们的人口超过了 70 亿，我们的体重总共达到了 2.68 亿吨[12]。衡量世界人口造成的生态负担，还必须算上人类必不可少的动物和物品：14亿头牲畜，以及 10 亿多辆汽车。

然而，在人口出现这种惊人增长的同时，人类的实际境遇也有了不可否认的改善，这导致我们当中的绝大多数人摆脱了整个新石器时代一直令人苦恼的食物资源方面的匮乏。当然，我们看到这一点时也不能忘记，直至今天，还有 10 亿人不能每天都吃饱肚子。但变化是确定无疑的：为每天吃饭烦恼，曾经是整个人类的共同命运，今天却只有一部分人关心此事，尽管这部分人仍太多，但也只是人类社会中的少数了。评价这一变迁的另一种方法，是估算人均年收入。[13]今天全球人均年收入约为 9000 美元，而 18 世纪时仅为 650 美元。

人类生存条件改善的一个标志是寿命的延长，如果我们同意推迟死亡来临的时刻是人皆有之的愿望的话。《拉封丹寓言》就说过："宁愿受苦而不愿去死，这是人类的座右铭。"[14] 旧石器时代末期，人均预期寿命大约为 35 岁，新石器时代如我们说过的那样，导致了人类健康状况的下降。18 世纪时，法国人均预期寿命低于 30 岁——这是婴儿死亡率高的反映。1950 年，世界人均预期寿命为 45 岁，今天则已接近 70 岁。[15]

但是，若没有发生一种重大变化，所有这一切都不可能发生：那就是，突然之间有了大量可供使用的能源。能够获取生物燃料，首先是煤，这彻底地改变了新石器时代的生产方式。工业革命前，尽管存在着多样的文化，但从世界的一端到另一端，平均的能源消耗差不多都是一样的。当时的能源只限于植物、风力、水力和动物——养殖动物的牧场还要与农业生产争用土地。新石器时代被能源供应卡住了脖子。

18 世纪，欧洲开始了早期工业化，但这次工业化依靠的是木材，是水能，但水能的局限性构成了瓶颈，此外则依靠人的劳动。在英国，煤的使用解开了这一束缚。这首先是因为煤是能源的积聚：一公斤煤相当于约 8 千瓦小时电[16]，这比一个人一整天紧张劳动消耗的能量（约 6 千瓦小时）[17]还要多。其次是因为英国的煤矿靠近海岸，这样就能把煤廉价运往消费地区。一种新的能源体系建立了起来，它将煤、蒸汽机和棉花（棉花是从美洲运来的，取代了使用英国土地上出产的亚麻和羊毛）结合在一起，从而摆脱了新石器时代能源的限制。欧洲国家，继而美国，得以开始面向大众的生产。

这样，大量使用煤使得世界经济向前迈进了一大步。可以估计，1700 年前人类使用的非人力能源（木材、风力、水力）相当于 2.5 亿吨石油。[18]1900 年，这一数字达到 10 亿吨。而且，这 10 亿吨中大部分是欧洲人和美国人使用的，他们占用了世界能源的四分之三。

这一数字从 1945 年的 20 亿吨增加到了 2000 年的
100 亿吨，即比工业革命前增加了近 40 倍。

人类从未有过如此多的人，从未如此富裕，也从
未消耗过如此多的能源。在 200 年间，欧洲发起的工
业革命使世界从新石器时代进入到了另一个时代。

巨大而不正常的差距

但是，大分流还表现为人类历史上的一种特殊现
象，即世界上不同地区之间平均生活条件的巨大差异。
显示这种差异的指标有许多。今天，一个美国居民的
平均能源消费量是一个印度居民的 10 倍，一个德国人
的产值是一个尼日尔人的 40 倍。[19]总体而言，发展中
国家和发达国家之间人均国民生产总值的差距为 1 至
7 倍。[20]

但这样的研究仅满足于国家之间的比较，似乎这
些国家都是均质的，这就掩盖了另一个现象，即各国
内部存在的不平等。

例如，如果我们考察 1700 年时的情况，各国之间

平均的不平等程度很低，但每个国家内部的不平等程度却极高，比如在英国贵族和约克郡的贫苦农民大众之间，或在紫禁城里的达官贵人和云南省的贫苦农民大众之间，就是这样。因此，在不考虑国籍的情况下研究世界不平等状况的演变会是颇有教益的。

让我们对世界不平等这一概念做一个说明。为了评估一个社会的不平等程度，经济学家根据收入水平对居民进行排队，并根据排队的位置将他们分为十个层样（称为"十分值"）。然后，对最富有的 10％的人的平均收入与最贫穷的 10％的人的平均收入进行比较，从而估算出不平等的程度。

我们可以在世界范围内进行这样的分析，把人类全部人口视作唯一的社会，并按收入进行分层。于是可以发现，1700 年时世界的不平等程度很高，因为在所有国家，上层阶级成员都较农民富有得多。但从一个国家到另一个国家，贵族享有的生活水平却是相似的，而农民也都生活在同样的贫困之中。因此，不平等程度在各国内部很高，但用平均富裕程度在各国间相互比较，则不平等程度微弱，甚至不存在。

　　一系列统计数据使我们可以勾勒出自 1820 年即工业革命初期以来，世界收入不平等状况的变化轨迹。[21] 分析显示，这种不平等状况在迅速扩大：目前世界居民平均收入为 1820 年的 7.6 倍，其中最贫穷的 20％ 的居民平均收入仅为当时的 3 倍，中间 60％ 的居民为 4 倍，而最富有的 10％ 的居民则为过去的近 10 倍。发生这样的变化是由于欧洲以及北美和澳大利亚在 19 世纪和 20 世纪的飞速发展。举例而言，英国和中国之间平均收入的差距，从 1820 年的 3 倍扩大到 1910 年的 6 倍，1950 年则扩大到 10 倍。看待此问题的另一种方式则显示，1820 年到 1950 年，印度平均收入仅增长 10％，中国增长 17％，而欧洲国家则急速增长了 400％。

　　20 世纪上半叶，西方国家内部的不平等程度缩小，但这并没有弥补工业革命期间发生的世界收入的极大分化。西方社会变得更加公平，但他们集体成了世界贵族。

　　后新石器时代的世界是极度不平等的。

注释

① McNeil, William, "L'essor et le déclin de l'Occident", *Le Débat*, mars-avril 2009, p. 99; Lelièvre, Domnique, *Vayageurs chinois à la découverte du monde*, Olizane, 2004, p. 33; Mourgues, Jean-Louis, "Rome et la Chine: le partage du monde", *Les Collections de l'Histoire*, n° 38, janvier 2008; Beaujard, Philippe, "Les routes du commerce de l'ancien monde", *L'Atlas des mondialisations*, *Le monde-La Vie*, 2011.

② Costa Laurent-Jacques, *L'Obsidienne, un témoin d'échanges en Méditerranée préhistorique*, Errance, 2007, cité par Wikipedia.

③ Steffen, Will et al., "The Anthropocene: conceptual and hitorical perspectives", *Philosophical Transactions of the Royal Society A*, 2011, 369, p. 842.

④ Kerlouégan, Jérôme, "Si la Chine avait découvert l'Amérique...", *Les collections de l'Histoire*, n° 38, janvier 2008.

⑤ Zweig, Stefan, Magellan, Grasset, "Les cahiers rouges", 1938.

⑥ 参见 Pomeranz, Kenneth, *La force de l'empire*, Ere, 2009; Minard, Philippe, "Face au détournement de l'histoire", *La Revue des livres*, septembre 2009; Guillebaud, Jean-Claude, *Le Commencement d'un monde*, Seuil, 2008; Landes, David, "Why Europe and The West? Why not China?", *Journal of Economic Perspectives*, 20 (2), 2006.

⑦ Gruzinski, Serge, "Les expéditions du XVIᵉ siècle annoncent la mondialisation d'aujourd'hui", *Les Cahiers de Science et Vie*, n° 128.

⑧ 参见 Voltaire, "De la Chine", *Dictionnaire philosophique*, Gallimard, "Folio", 1994.

⑨ Guzman, Ricardo, "The Neolithic Revolution from a price-theoretic perspective", *Journal of Development Economics*, novembre 2011; Sahlins, Marshall, *Age de Pierre, âge d'abondance*, Gallimard, 1976.

⑩ Elvin, Marc, *The Pattern of the Chinese Past*, Stanford University Press, 1973.

⑪ 参见 Lévi-Strauss, Claude, *Race et histoire*, Unesco, 1952.

⑫ Walpole, Sarah et al. , "The weight of nations : an estimation of adult human biomass", *BMC Public Health*, 2012.

⑬ Ministry of Defence, *Global Strategic Trends-Out to 2020*, 2010, p. 25; Bourguignon, François, et Morrisson, Christian, "Inequality among world citizens: 1820-1992", *The American Economic Review*, vol. 92, n° 4, 2002, p. 731.

⑭ La Fontaine, "La mort et le bûcheron", *Fables*.

⑮ INED, "La durée de vie dans le monde", Fiches pédagogiques, décembre 2010.

⑯ "Carburant", Wikipedia, consulté le 5 octobre 2012.

⑰ Jancovici, Jean-Marc, "Combien suis-je un escla-vagiste?", mai 2005, http://www.manicore.com.

⑱ McNeill, John, *Du nouveau sous le soleil*, Champ Vallon, 2010, p. 41. Citant Smil, Vaclav, *Energy in the World History*, 1994, pp. 185-187.

⑲ CIA, *The World Factbook*, consulté le 24 juin 2012.

⑳ *GEO 5*, UNEP 2011, p. 23.

㉑ 参见 Bourguignon, François, et Morrisson, Christian, "Inequality among world citizens: 1820-1992", *The American Economic Review*, op. cit.

三、 大汇流

这个后新石器时代的世界，这个不平等的世界，是否会像新石器时代那样长久，即长达 1.2 万年？为回答这个问题，我们又要变换时间的尺度，从世纪变为十年。

起飞与追赶

19 世纪，直至 20 世纪下半叶，西欧国家，加上北美、日本和俄罗斯，经历了强劲的经济增长，这些国家因而得以掌控全球。其他国家的人民则是这一变化的旁观者或承受者。变化如此剧烈，竟然导致了两场战争，其规模为历史上所未曾见，并被正确地称为世界大战。

在1945年起的20年间，富裕国家经历了年均5％的经济增长。但它们不再孤单，世界其他一些地区也加入了这样快节奏的增长。拉美国家经济以同样的速度增长，刚独立的非洲国家亦如此。当时很少有人认为"非洲真不走运"。[1]事实上，落在后面，令发展问题专家们感到担心的，是亚洲。这些最著名的专家中有一位于1968年发表了一份关于《亚洲的灾难》的研究报告。[2]当时，非洲国内生产总值超过除日本外的亚洲，[3]而日本经济正处在惊人的扩展之中。

与此同时，自1948年起，在西方国家持续了200年的预期寿命延长现象，也出现在人们所说的"第三世界"。这一现象部分解释了人类从1950年不到30亿人增加到2000年60亿人的人口爆炸的原因：世界人口增长不仅靠年轻人，而且靠老年人，他们更长久地留在了生存者共同体中。

20世纪80年代，发生了一个重大变化：非洲经济发展停滞，拉美经济发展放缓，西方国家和日本亦如此，而两大巨人，中国，继而印度，却加入了寻求致富的竞赛中。它们以令人目眩的速度起飞，年增长率时而超过 10％，并开始把它们的邻国和原料供应国吸入这惊人的快速增长的漩涡之中。1992 年至 2010 年，世界国内生产总值增长了 75％。④这一增长的最大部分是由我们今天所说的"新兴"国家贡献的，富国的增长则大为放缓了。

于是，世界经济开始了再平衡。西方国家和日本在世界国内生产总值中的占比下滑，2010 年占比不到 50％，而亚洲（除日本外）1950 年仅占世界国内生产总值的 15％，2010 年已占近 30％。要记住，1700 年时亚洲所占比例要大得多⑤……印度总理曼莫汉·辛格直言不讳地表示："亚洲的两个巨大经济体，注定将重新占有它们在殖民主义的二百年间失去的世界国内生产总值中的巨大占比。"⑥

这里发生的事情，就是走出新石器时代之初开始的分流结束了。它让位于相反的缩小差距的趋势：大汇流开始了，在欧洲奔腾了两三百年后，历史的潮流在恢复正常地行进。西方的优势正在消失。

从人类行进的标尺看，西方的优势仅持续了一个插曲的时间：7 万年历史中的不到 300 年，也就是智人历险史中不到百分之一的时间。这一插曲辉煌且具决定意义。但在改变了世界之后，西方人正回归常态。

想象与模仿

大汇流不仅是一个数据问题，也是一个情感问题。对于横行一时的主宰者的怨恨，面对蛮横统治感到的屈辱，最终战胜了掌握能源的主宰者最初引起的惶恐失措。而西方展示惊人财富的场景，也在那些曾有过显赫历史的国家引起了艳羡和欲望。

马克思主义影响下的对抗行为效果不彰？采用世界贸易规则，亦即参加各国经济互补的游戏，却为迎头赶上的愿望提供了动力。这里有一种混杂的情绪，既是为了声誉而竞争，又是对于相互依存的接受。

不久前仍贫穷的国家的这种惊人赶超，有着强大的文化动机。

欧洲在第二次世界大战后表现出一种强劲的发展动力。其中一个重要原因，就是在经历了战争和1929年危机造成的贫穷和困难后恢复繁荣的渴望。同时也是受到了现代性诱惑的吸引。南方国家的崛起也源于相似的动因——那就是，在西方人支配下被迫过了数十年清苦生活后，希望享受消费社会的乐趣。被压抑的欲望像压紧的弹簧突然松开一样爆发出来。

20世纪60年代起，需要原材料和廉价劳动力的富裕国家发起的经济全球化，也伴随着一种消费文化的传播，它触动了人们的想象力。全球化使各种经济结构趋于一致，同样，它也将各种文化融入一个共同的参照系中。通过电视、音乐或旅游者显示出来的丰裕社会的场景，提高了人们看待何为正常事物的眼界。

西方生活方式成为世界标准：汽车、电视、手提电话、电子器械、旅游、商业中心、时尚、音乐……在争相炫耀的世界竞赛中，这些东西成了地位的象征，属于上层阶级的标志，和声望的新的规范。

　　人类社会出现了各国中间阶层社会地位同一化的趋势。人类社会又恢复了过去长时间里的常态。世界市场不平等程度在缩小，全球范围内各种生活方式正趋向物质条件的均质化。

　　最贫穷的人们观察着自己国家或其他地方富人们是如何生活的。并非所有人都能过上这样的生活，但所有人都梦想着这样的生活。享有同样的幸福生活的愿望，和面对依旧明显的不平等时心中的不平，都在发酵。

　　这方面一个具有爆炸性的例子，就是阿拉伯国家中持续存在的潜在危机。20世纪70年代后，一些阿拉伯国家由于石油收入而变得极为富有。正如阿赫迈德·赫尼（Ahmed Henni）指出的那样："伊斯兰主义意识形态（译者按：伊斯兰主义作为一个政治术语，指称一种意识形态，即一种以伊斯兰教为旗号和工具的政治思想和实践，不能混同于伊斯兰教本身），仗着掌握在大肆挥霍的统治精英手中的天赐石油宝藏，用一种乌托邦式的前景诱惑民众，似乎这样的超级消费可以扩展到所有穆斯林当中。这种想法在伊斯兰产油国引发了与这些国家的实际经济可能性完全脱节的种种让人神魂颠倒的憧憬。"⑦

不平等之毒

汇流预示着生活方式的全球一致化。这符合人类历史发展的逻辑。

但这一趋势将以何种速度发展，何时才能实现呢？如果我们相信经济合作与发展组织（OECD）的预测，那将是遥远的将来的事情。根据这个聚集了西方国家、日本、韩国和墨西哥的机构的说法，到 2050 年时，富裕国家人均消费水平将是新兴国家的 2 倍，是世界其他国家的 5 倍——而世界经济总量将是现在的 4 倍。⑧

显然，对 2050 年的情况进行预测的经济学家们，并不认为那时会实现普遍均等化。分析家是在对"世界中产阶级"的扩大进行推论。⑨这一阶级今天拥有 18 亿人，即目前人类的三分之一，其中包括富裕国家的几乎所有人。

如何定义中产阶级呢？一种定性研究认为，它是由这样的人组成：能过上舒适的生活，有稳定的住所，有病能获得医疗，孩子能接受中等教育，拥有的收入可用于休闲开销。实际上，这在新兴国家是指能够初步享有西方社会生活方式的社会阶层。

贫穷国家和新兴国家民众的大多数仍生活在中产阶级标准线以下，也就是说，他们是穷人。但是，在新兴国家，少数中产阶级定义了可以希冀的生活方式，这种方式被确认为全体民众提高自己身份地位的目标。

总之，总体演变并不像新兴国家奋起"追赶"所显现的那么简单。自 1990 年起，几个南方国家，尤其是中国和印度，其高速增长提高了最贫穷者收入的平均水平。1992 年以来，世界人均国内生产总值增长了 80%。[10] 这样，自 18 世纪初以来一直在扩大的世界不平等现象，开始减弱了。[11]

然而，全球的差距依然很大。发达国家人均产值为发展中国家的 6 倍。如果细化分析，可以发现，2010 年富国（除欧洲、北美国家和日本外，还应加上产油国，以及像韩国或新加坡这样的国家）人均国民收入为中等收入国家的 5 倍，为低收入国家的 30 倍。[12]

全球不平等程度，即不分国籍，全球最富有者和最贫穷者之间的不平等程度，要比任何单一国家内部高得多，也比 50 或 100 年前高得多。[13] 因为，出现了第二种现象：自 20 世纪 80 年代起，无论在富国（尤其是在美国、英国、加拿大和德国），还是在新兴国家，国内的不平等程度重又开始扩大。[14] 中国自 1978 年以来的经济增长率惊人，但其国内收入不平等的程度也在扩大。在那些前社会主义国家，不平等加剧现象令人惊叹。相反，过去 10 年中，拉美国家不平等现象持续减退，但它们还是继承了世界上不平等程度最高国家的历史。

这样，大约 20 年来，两种相互矛盾的趋势在显现其效果：发展中国家，尤其像中国和印度这样的巨人的实际收入的增长，减轻了国与国之间的不平等程度，但各国内部不平等的扩大抵销了世界范围内出现的这种趋势。以致世界范围不平等现象依然极为严重：1％

最富有人口获得近 14％的世界收入，而 20％最贫穷人口获得的世界收入仅占 1％略强。

在世界收入排序上，发达国家相对地位正在发生变化，南方国家越来越多的一部分人加入到排序的高层。例如，1992 年至 2008 年，进入 20％世界最富人口的德国人和法国人占本国人口的比例从 90％降到了 70％。美国人从 90％降到了 80％。过去排在世界最富的 10％或 20％人口中的"西方人"，有一部分已被亚洲人取代。

在金字塔顶，人们也看到了一种寡头的国际化。全球有 2900 万百万美元富翁。⑮按国籍排名，美国遥遥领先，占这些人的 42％。但自 2010 年以来，这个俱乐部中占第二位的国家却是中国，它以 100 万名百万美元富翁，占这些人总数的 3.4％，印度、巴西、土耳其、中国香港的排名也开始紧随德国、日本、法国和英国之后。

各国的这些百万富翁尽管往往相互竞争，却有着共同利益，那就是维护这个使他们如此成功的体制。

让我们作一个归纳。在发起工业革命，改变世界，使之走出新石器时代之后，西方在这几十年中被追赶上来。其优势在渐渐消失。

一种历史的例外似乎也将消失，那就是地球上各个地区之间平均收入水平的巨大差距。然而，如果说平均的不平等程度在缩小，那么，各社会内部也出现了不平等加剧的相反趋势。因此，总体而言，世界范围的不平等现象依旧十分严重。

这样，我们就不能再按国别进行推论，而要从伴随20世纪中期贸易巨大发展而出现的文化全球化中得出这样的结论：一个世界社会形成了。我们可以勾画出这个社会的财富和权力金字塔的结构。在塔尖，是越来越国际化的少数寡头。下面，是一个上层中产阶级，它占世界人口的10%至15%，他们几乎全部居住在富国。然后，是一个中产阶级，占世界人口的25%，其中略多于一半的人生活在富国。穷人占世界人口45%，几乎全部生活在南方国家。最后，是靠每天不足1或2美元艰难度日的贫困人口，他们占世界人口的15%，全部生活在南方国家。

　　这种新的社会动力学迫使我们改变思考方式：正如"第三世界"的观念随着苏联解体和新兴国家的崛起而过时，"北方"和"南方"的划分不再能正确反映新的现实。富人和穷人越来越不与国籍相联系，他们的命运愈来愈非地区化。推动世界社会演变的力量不再可能通过地理来解读，而必须在资本主义动力和地球生态迅速变化的对立之中加以解读。

　　决定未来的大问题不再是西方或任何其他某种强权的地位问题，而是这样一个问题：2050 年地球上可能有约 90 亿居民，他们的物质消费将是怎样一种平均水平？是北美、欧洲或日本居民的水平？抑或要低得多？

注释

① Dumont, René, *L'Afrique noire est mal partie*, Seuil, 1962.

② Myrdal, Gunnar, *Asian Drama*, Pantheon, 1968 (trad. fr. *Le Drame de l'Asie*, Seuil, 1976).

③ Serverino, Jean-Michel, et Ray, Olivier, *Le Grand Basculement*, Odile Jacob, 2011, p. 23.

④ UNEP, *Keeping Track of our Changing Environment: From Rio to Rio+20 (1992-2012)*, octobre, 2011, p. 23.

⑤ Maddison, Angus, *L'Economie mondiale : Une perspective millénaire*, OECD, 2011, p. 280.

⑥ "PM's remarks at the LSE Asia Forum", 7 décembre 2006, http://pmindia. nic. in/speech-details. php?nodeid=481.

⑦ Henni, Ahmed, *Le Syndrome islamiste et les mutations du capitalisme*, Non Lieu, 2008, p. 22.

⑧ *OECD Environmental Outlook to 2050*, OECD, 2012, p. 56.

⑨ Kharas, Homi, "The emerging middle class in developing countries", *Working paper*, n° 285, OECD, janvier 2010.

⑩ UNEP, *Keeping Track*, op. cit. , p. 23.

⑪ Milanovic, Branko, "Plus ou moins", *Finances et Développement*, septembre 2011.

⑫ United Nations, *Resilient People*, *Resilient Planet: a Future Worth Choosing*, 2012, p. 16.

⑬ Milanovic, Branko, "Plus ou moins", *Finances et Développement*, op. cit.

⑭ Morrisson, Christian, et Murtin, Fabrice, "Inégalité interne des revenus et inégalité mondiale", FERDI, document de travail/P26, septembre 2011, p. 7.

⑮ Crédit Suisse, *Global Wealth Report*, octobre 2010.

四、 生态障碍

罗斯托先生的神奇世界

经济预测家们视未来为一条上升的坦途。经济合作与发展组织宣称，从现在到 2050 年，"依照前 40 年的增长速度，世界总产值应当会翻两番"。[①] 这一观点得到了广泛的赞同。

1970 年至 2011 年，世界经济已经翻了两番，年均增速为 3.4%。按照官方机构经济学家们不会出错的想法，如果世界经济继续照此速度增长，从现在到 2050 年又将翻两番，达到 286 万亿美元，即 1970 年的 16 倍，1900 年的 100 倍……

这些可敬的专家们采用了一个简单的原则：曾经发生过的必将还会发生。不合常理的是，在一个不断被经济增长搅乱的社会里，精英们仍在按照传统社会的方式行事，把相同事情的无限重复作为自己言行的依据。在他们看来，增长是经济生活的一种正常状态，一种不变因素，一种内在现象。

这种观念的先知是华尔特·惠特曼·罗斯托(Walt Whitman Rostw)。[2] 罗斯托先生宣扬"复利计算的强大功效"。在此，请读者原谅笔者做一个或许是多余的解释。"复利计算"指的是，在某一数量的增长中，一个时期得到的利息要加入这一数量。于是，在下一时期，利率就适用于加上利息后的数量，以此类推。如此一来，这个数量就会逐年增加，因此，同样的增长率改变的是一个越来越大的数值。这种简单的计算往往被一个始终关注短期的世界所遗忘，从短期看，增长就是一种简单的逐年相加。但是，一旦拉开距离，复利计算就显示为一种惊人的累加现象。一个按每年 N‰增长的数量在与 75 除以 N 之商相等的年数内会翻一番。一个数量按 10％的增长率，不到 8 年会翻一番；按 3.5％的增长率，需要 21 年翻一番。

人们还忘了，产量无论如何翻番，都意味着，在翻番期间又要生产出与过去全部产出同量的产品。而且，产量的翻番也意味着，还要破坏与上一时期已破坏了的同等数量的自然资源，积累同等数量的污染和废料。

固然，技术的改进可以减少单位产量造成的破坏和污染，但却不足以阻止与总产量可观增长相联系的大规模环境破坏。

例如，一些研究者最近证明，大气层中二氧化碳的聚积恰恰与世界国内生产总值的演变相关。[3]

世界经济翻两番因此也表现为环境破坏和各种性质污染的极为可观的增加。地球系统的自然平衡能否承受这样的增加呢？研究国内生产总值增加历史曲线的预测学家们往往没有提出过这个问题。

1960 年时，罗斯托先生丝毫没考虑到自然或污染。这样的观念在他的时代尚不存在。他的时代，是奇妙的增长、喧闹的汽车和彩色电视机出现的时代，简言之，是凯歌高唱的"美国生活方式"的时代。当时的俄罗斯，也是一个"头等工业大国"，在"征服宇宙"方面走在了美国的前头，而经济则以每年6%的速度膨胀。

罗斯托先生为什么会暴得大名呢？因为他在《经济成长的阶段》中提出的一种发展观影响了他那个时代的精神，也渗透到了几代经济学家的观念中。在他看来，所有国家都注定要遵循英国、继而美国走过的道路。他写道："可以说，所有社会都正在经历下述五个阶段中的某一阶段：传统社会，为起飞准备条件，起飞，走向成熟和大众消费的时代。"

如果说罗斯托今天已被遗忘，他的基本思想却已进入集体无意识之中：新兴国家起飞后，正走向成熟，他们将进入大众消费时代。这样，地球上所有人民都将相会于人类灯塔美利坚模式所展示的普遍丰裕之中。

增长的疲劳

曾经发生的还将发生吗？1970 年以来，世界经济增长总体上遵循了一种有规律的轨迹。未来 40 年的经济增长仍将如此吗？

实际上，经济增长的轨迹通常是无序的：走出殖民化的非洲经历短暂起飞后衰退下来，俄罗斯于 20 世纪 90 年代崩塌，日本 20 世纪 80 年代后开始研究"零增长"概念，欧洲在 2008 年危机前已走向年均 2％ 的增长，拉丁美洲 1980 年至 2000 年间增长急剧放缓，中国和印度在数十年温和增长后如火箭般飞速增长。没有什么比增长率更不一致、更难保证的了。然而，全球化也创造了较前强劲得多的相互依存关系：世界经济越来越同相（en phase）演变，整体表现取决于每个地区的活力。

但是，对未来持久增长的预测，把靠不住的因素当成了确定因素，同时忽略了其他因素。

首先，在欧洲、日本、美国、韩国这些富国，大部分民众已配备了汽车、电视机、手机，拥有成套的各类机械和器具，消费几乎饱和了。资本主义固然具有不可否认的智慧，可以创造出消费者前一天尚无任何概念的需求，但一段时间后，正如谚语所说，你很难让一头不渴的驴子喝水。

而且，在长期经历极高速增长的国家，会产生一种"增长的疲劳"，那是由于经济急剧增长带来的结构混乱造成的：习惯遭冲击，社会关系被重组，生活节奏被改变，食品结构被调整，环境被改造，麻烦在增加。勋章有它的反面，必须克服负面因素。高速增长可以比作一种青春期的骤变：肌体突然发生改变，然后达到一种新的平衡。增长的冲击越突然，其反冲击就越易造成混乱。

再者，在此过程中，一部分人获得新的宽裕生活后，会产生物质消费以外的其他需求，尤其是在教育、健康和养老等方面。这就要求总体财政作出新的调整，而这种调整并不利于产生最多经济增长的投资。

还应思考农村人口继续流失的问题。按照罗斯托的模型，在发展起飞阶段，农业劳动生产率的提高会把一部分农村劳动力解放出来。他们将推动城市工业化进程，因为这些人好对付，而且廉价。总体而言，农民来到城市里，生活条件要好于农村。更何况，农村人口流失在很大程度上是由政策决定的，旨在削弱小农业，以促进城市的发展。例如，1990 年后中国领导人就作出了这样的选择。

但是，无论是生活在城市贫民窟里的人口持续增加（2010 年为 8.3 亿人），④ 还是贫困化的民众和诸多农学家重新发现农业的重要性，都表明，上述演变并非不可避免，尤其是在粮食紧张局势加剧的情况下。

新兴国家的增长还面临一种"民主的两难"。由于西方国家的危机限制了它们的进口能力，新兴国家不可能继续通过出口来实现自身的发展。解决这个问题的一种办法，就是实行"光荣的三十年"期间曾在西方国家取得极大成功的"福特式调节"，换言之，就是提高工资以促进内需。但这意味着重新分配经济成果，也就是要减少不平等，乃至对政权体制提出质疑。在威权国家这绝非易事，因为那里的领导阶级很不愿意看到自己薪俸和特权的减少。

实际上，目前占主流地位的关于世界增长将持续的论说，是建立在两种假设之上的：一是新兴国家的高速增长将持续，二是这些国家的不平等会继续被公民所接受。如果这两种假设无一能得到证实，又将发生什么呢？

能源价格昂贵

罗斯托所想象的发展萦绕在官方预测学家的潜意识中，在这种发展观中，有一个因素却习惯性地缺席：能源。各国经济"启动"，"起飞"，发现"复利的功效"，那是因为使用了一系列工具，包括提高农业劳动生产率，国家予以推动，开展大规模基础建设，等等，但能源在这其中似乎不起什么作用。

这一遗忘可以用历史的经验来加以解释：工业革命得以发生，是由于能源束缚的解除，换言之，由于能源价格神意般的降低。在整个 19 世纪和 20 世纪，随着西方国家与世界其他国家在经济上的分流，煤炭的富足，石油的喷涌，后来又加上天然气的使用，使能源价格始终适中而且稳定。20世纪上半叶每桶石油的价格一直低于40美元（按2012年价值）。⑤这种状态最终似乎成为自然的了。当时，能源是一个重要因素，但它主要是一个技术问题和地缘政治问题，而非经济问题。

第二次世界大战后，石油取代煤炭成为主要能源。1946至1973年间，每桶石油价格一直维持在20美元（按2012年价值）的稳定而适中的水平。因此，罗斯托及其继承人全然忘了去关注它，似乎这就是一种自然状态。但是，1973年石油价格突然飙升，导致10年经济危机，然后自1986年起恢复到20至40美元之间浮动的相对稳定水平，2000年甚至跌到过15美元，世界经济恢复了增长。

石油依然是世界经济的一个支柱。它在世界能源消耗中占33%，在汽车工业和化学工业中它也难以替代。2000年后，每桶石油的价格开始攀升，达到高于

100美元的水平，2008年的峰值为148美元。天然气价格追随主要能源的轨迹，从1990年每百万英制热量单位（Mbtu）2美元攀升到2010年的10美元。煤炭价格也在略低程度上跟随了这一趋势。由于建造核电站和处理核废料的成本上升，核电价格也被拉高。至于可再生能源，其价格趋于下降，但其原先价格水平要比石油高得多。如果有一天可再生能源的价格将会降到适当水平的话，那也绝非一朝一夕之事。因为，与化石燃料将能量积聚在一个很小体积中不同，太阳、风和海洋的能量是分散的，这使得这些能量的积聚成本很高。

总之，世界经济在未来几十年中将进入一个能源价格昂贵的时期。高速增长的一个关键因素消失了。

有必要再说几句专家们提出的石油产量峰值理论。根据1998年以来石油地质学家提出的这个理论，石油产量会达到一个"峰值"，随后，由于可以用可承受成本开采的资源逐渐枯竭，产量不可能再增加。[6]这并不意味着生产会停止，但产量下降不可避免。

这一分析与当时占主导地位的教条恰好相反。但是，事实证明，石油产量出现峰顶的观点是正确的。2010年，国际能源署承认，"常规石油"的峰值于2006年已经出现，也就是说，原油产量"绝不可能再达到2006年日产7000万桶的水平"。[⑦]

然而，21世纪头10年中，其他来源的石油被开发出来：加拿大艾伯塔的沥青砂，委内瑞拉的重油，巴西等地的深海石油，美国的页岩油。确实，新的技术手段使我们得以开采迄今难以采集到的石油：一方面，深海钻探技术可以在1000米深的海底打出6000米深的油井；另一方面，水平掘进和水力压裂法相结合，可以在以前难以开采的地质层收集到天然气气泡或石油残滴。水力压裂法是通过高压喷射水、化学物和沙的混合剂击碎岩层，以开采出碳氢化合物。

21世纪头10年这些技术在美国的普及，推动了页岩气及页岩油的生产，解开了世界最大经济体的能源束缚。

这些新的石油资源可能会在一段时间里弥补常规

石油产量的下滑。但它能否满足世界日益增长的需求，仍是一个可以讨论的问题。关键在于，即使能源的来源不会缺失，其产量也不会增加许多，其价格则会长期趋于上升。国际货币基金组织的一项研究认为，2010 年后的 10 年中石油价格会翻番。[⑧] 价廉能源已成为历史。

资源生产率递减

价格只是正在发生的变迁的一个方面。工业革命以来的经济增长反映出劳动生产率的惊人提高。劳动生产率可以用来衡量产品生产和生产产品所需时间之间的关系。由于采用新的劳动组织方式和技术进步，劳动生产率不断提高，因为新机器的使用减少了生产中的必要劳动。

然而，这一进步之所以可能，完全归因于可随意使用的能源的低廉价格。机器消耗能源，技术进步实际上是用化石能源取代了人类的劳动。

今天的情况则全然不同了，能源生产本身就需要某种能源消耗，其消耗量则取决于开采能源资源的困难程度和技术状况。由于最易开采的资源枯竭，现在需要消费越来越多的能源，才能生产出一定数量的可使用能源。换言之，能源生产中的能源生产率（即专家们所说的"能源回报率"，英文为"energy return on energy investment"）在递减。[⑨]例如，20世纪初，一桶石油就足以完成生产100桶石油所需的各道工序。20世纪90年代，同样一桶石油只能生产35桶石油，2007年，仅够生产12桶石油。这一生产率还在继续下降，因为从沥青砂中或从北极和海底开采石油，要比在沙特阿拉伯或北海开采困难得多。

这个问题不仅出现在能源方面，许多金属和矿物也存在同样的问题。这些金属和矿物是许多工业产品制造所必需的。一个世纪以来，它们的消耗量大大增加，尤其是近20年来，随着电子产品的发展和新兴国家的扩展，情况更是如此。如同石油产量峰值已成为现实一样，10年或20年后，铜、锑、镝、铂等金属生产的峰值也将到来。[⑩]另一个峰值可能在2030年出现：磷的峰值，它是农业生产所需的一种重要化肥的原料。

而且，最容易开采的矿层都已开采。现在是在富集度低得多的地方开掘，因此，生产同样数量矿物所消耗的能源在持续增加。

这种缓慢收紧的梗阻还表现在第三个方面。不仅矿产资源的价格在上涨，获取这些矿产资源所需要的能源量在增加，而且开采这些矿产资源导致的生态破坏也在恶化。为确保获得必要的矿物，必须将新的土地用于采掘，而且这些地方往往处于迄今未太受到工业革命损害的区域。开采石油和页岩油，需要钻许多井（一口井只能使用十来年），需要消耗大量的水，还会排放大量有毒废水，以及一种温室气体——甲烷。

这样，我们就被带入了一种恶性循环，即用来应对可利用资源减少而采取的措施，造成了更多的污染。而且，通过间接影响，往往还给其他一些稀有资源带来更多的压力。这一过程不仅仅局限于寻找能源和矿物方面。沿海地区可饮用水的缺乏刺激了海水淡化，而海水淡化消耗能源并产生有害废弃物。海鱼的减少刺激了水产养殖业，而一部分水产养殖需要用鱼粉作为饲料，从而加速海鱼的减少。风能和太阳能的发展需要使用某些必须消耗大量能源才能获得的稀有金属。

原料价格上涨，能源回报率降低，生态危机恶化，这三者难分难解地纠缠在一起。要想维持增长的条件，就必须付出更高的生态代价。

生态障碍

各种峰值的预警显示，人类正接近资源的客观极限。各大生物圈系统愈益明显的失衡——气候变化即为第一个见证——表明，人类也在接近地球系统保持稳定状态的能力的极限。实际上，从人类历史看，生态危机具有其唯一性：我们是达到生物圈极限的最早几代人。

人类在新石器时代散播开来，但能源瓶颈阻止了人类去打乱生物圈的总体调节。随着工业革命的发展，人类摆脱了这一桎梏，但却使得人类未来的前景遭遇到了危险。

在分析目前展现的平均生存条件趋同、世界向平等回归的历史趋势时，必须考虑到上述危险。

笔者将不在此陈述世界生态的现状，想必这已为读者所知晓，但强调此现状的若干特点，似乎是有益的。其中的一点即是：曾正确地引起人们警觉的联合国政府间气候变化专门委员会（GIEC）于 2007 年发表的报告，被证明并没有反映出可预见的实际情况。此后发表的许多科学研究报告被 GIEC 纳入 2013 年发表的报告中，这些报告表明，格陵兰冰盖的融化，北冰洋大浮冰的减少，永久冻土（指西伯利亚北部和加拿大的冻土）的碳释放，其速度要比人们所想象的更快。而且，正如该委员会 2012 年发表的一份专门报告指出的那样，极端天气事件（飓风、水灾、旱灾等）程度越来越严重正是大气层平均气温变暖的结果。[11]

然而，温室气体排放并未显现任何放缓的迹象：1992 年以来，碳排放量增加了 36%，气温上升了 0.4 ℃，海平面每年上升了 2.5 毫米。[12]

　　21世纪内平均气温变暖超过 2 ℃变得越来越可能。然而，正如气象学家埃尔维·勒·特厄（Hervé Le Treut）所总结的那样："地质史告诉我们，5—6 ℃的变化是和重大的天气革命联系在一起的。我们也知道，2—3 ℃的变化必然引起重大的变动。"⑬

　　其他生态领域也在迅速恶化。例如，1992 年至 2012 年间，全球森林面积减少了 3 亿公顷，⑭而世界保护自然联盟所研究的 48000 种物种中有 36％濒临灭绝。⑮以下事实也反映了世界经济发展带来的巨大变化：全球各类材料（生物量、化石燃料、矿物和建筑材料）的使用量增加了 40％，达到 600 亿吨，⑯每个人的生存需要每年转化 10 吨物资——更准确地说，富国居民 16 吨，印度人 4 吨……⑰

　　实际上，许多科学家都认为，若干个临界点很快就会达到。一旦跨越这些临界点，我们这个星球的功能可能会发生某些突如其来甚至不可逆的变化。

　　生态恶化与世界各个地区都有关系，而新兴国家的高增长在这方面起了重要作用。其中一个标志就是，

2006 年中国的碳排放量超过了美国。[18] 但是，富国，尤其是美国，虽然说它们在以更低的速度增长，却没有改变它们对能源和物资的消费水平，因而没有改变它们对环境的影响。2000 年以来，美国甚至以对其国土的重大生态影响为代价，开始了页岩气开采，这同时也对世界环境造成重大影响，因为它导致大量甲烷的排放，而甲烷是一种强效应温室气体。[19]

当两个世界发生汇流之时，却出现了一方强烈的追赶愿望遭遇另一方顽固拒绝改变自己奢侈的生活方式的情况。由此导致了对资源的普遍争夺，这对全球生态愈来愈具危险性。

新兴国家的高增长将停止

按照华尔特·惠特曼·罗斯托的想法，所有国家都注定要循序跨越经济发展的五个阶段。在进入大众消费时代后，则可能会提出"精神滞后"的问题……

他的模型无视生态问题，也无视各国之间的不平等，因为最富裕国家乃是其他国家遵循的榜样。正如我们所看到的，罗斯托众多精神后裔在预测世界居民生活水平何时能达到富国居民水平这个问题上，完全语焉不详。同样，也未提及最富裕国家停止增长，以留出时间让其他国家追赶上来。经济合作和发展组织甚至想象，从现在起到 2050 年，富国将以比 21 世纪头 10 年更快的速度增长。[20]

新兴国家持续高速增长又是否可能，是否可信呢？西方自金融危机以来经济增长停顿下来。新兴国家也趋于明显放缓其经济扩张速度。它们承受着能源和原材料价格的上涨，而它们最大的产品销售市场——富裕国家，经济正在收缩。生态状况迅速恶化，也给新兴国家的希望带来新的压力。

粮食问题，若曾一度消失过的话，现在重又成为需要持续关注的一个问题。理由很简单，人口增加使可使用的农业土地面积减少。尤其是中国和印度，现在都缺少可耕地，这使得它们的对外依存度越来越高。中国总耕地面积不到 1.3 亿公顷，由于城市化和北方的沙漠化，平均每年减少 100 万公顷可耕地。[21] 在印度，对东部较宽裕土地施加的压力导致农民和政府之间的暴力冲突，并引发了纳萨尔派反抗运动。

另一种忧虑给亚洲两大巨人的农业形势带来麻烦：水资源日趋紧张，有可能限制农业生产的发展。在一个不同的背景下，粮食问题同样困扰着非洲大陆，2050 年，那里的人口将增加 50％，达到 15 亿左右。

生物多样性被迅速侵蚀的后果尚不易看出。它使人类面临的最严重危险，是动物或植物传染病的迅速传播可能使农业生产衰退，甚至提高人类的死亡率。

海平面的上升也会成为沿海地区担忧的一个重大问题，那里往往居住着最密集的人口。例如几内亚湾，那里，从阿比让到拉格斯，2500 万居民生活在一个几乎连成一片，仅受薄薄一条沙丘带保护的都市区里。[22] 再如孟加拉，有人认为，从现在到 2050 年，如果海平面上升 0.5 米，就可能使其减少约 11％ 的国土面积，并影响 1500 万人，同样，海平面上升可能迫使 1400 万埃及人迁移，因为尼罗河日益严重的盐碱化将减少耕种土地的灌溉面积。[23]

气候变化对于水循环，对于旱灾和水灾增加，对于飓风强度提高等的影响，都将迫使许多国家更多地保护自己，或更好地适应变化，而不是去改变自己的生存条件。一项科学研究认为，亚洲和北非 2040 年就将达到气候暖化 2 ℃的临界点。㉔

在迅速工业化的国家里，生态系统的污染对民众的幸福、健康和未来都会产生有害影响。对以生态破坏为代价实现高增长的做法，我们尚难衡量其造成破坏的程度。这些国家异乎寻常的发展，有一部分是建立在接受高污染的生态比较优势之上的，其依据则是世界银行首席经济学家劳伦斯·萨默斯于 1991 年提出的理论，他建议将最污染的企业搬迁到最不发达的国家去……㉕

世界生态迅速恶化将使最不发达国家承受更多的后果：它们可能最先受到气候变化各种表现的影响，同时也最没有能力去应对这些影响。50 多年来，我们看到了极度贫困的减少和预期寿命的增长，但今天这些积极变化也受到了威胁。

退出增长和西方"变穷"

我们扼要地描述了几个现象：高速增长引起的内部疲乏，能源价格昂贵造成的新的持久约束，愈益严重的生态恶化压力。这使我们得出这样的结论：世界经济的增长——按常规方法衡量的增长——将大大放缓，最富裕国家的增长将停止，甚至反转；新兴国家和贫穷国家的增长将大大放慢，甚至停止。

把这一变迁放到一个更大的角度来看是有益的。思考这个问题可以使用的一个概念是"相变"（transition de phase）。物理学家把由于一个外部参数的变化而引起的系统整体改变称为"相变"。当此参数达到某一个临界值，系统的"相"或形态会发生改变，并会遵循不同于先前状态的规则。

这一概念可以很好地应用到我们这个时代。例如，石油峰值就标志着一种相变：廉价石油和廉价能源的时代已经过去。同样，气候也进入了一种相变：温室气体的积聚，使大气层的状态变得与一万年以来一直未变的状态全然不同。从阿马索尼亚地区到各大洋，由于人类活动而失衡的地球各大生态系统，似乎也开始了这种相变。这些现象逐渐传导到经济领域，经济领域也进入了相变。

这样，我们就可以理解人类走出新石器时代以来所发生的经济史。由于工业革命，19世纪初标志着一次彻底的相变。西方国家从那时起进入了增长的轨道（年均增长1.5%至2%），将世界推入了一个新的能源和技术系统之中。1929年至1945年，以一场严重经济危机和一场剧烈的战争为标志，发生了一次巨大的动荡，此后，世界经历了一次首先由西方国家拉动，继而又由新兴国家拉动的迅速增长（年均3.5%左右）。

今天，我们进入了一种新的相变，它将使世界进入一种不会更高甚至会更低的增长速度，与世界人口增长速度相仿，即年均1.2%左右。㉖

在此前景下，我们时代的两大历史现象——世界范围内生存条件趋同，达到生物圈的极限——同时出

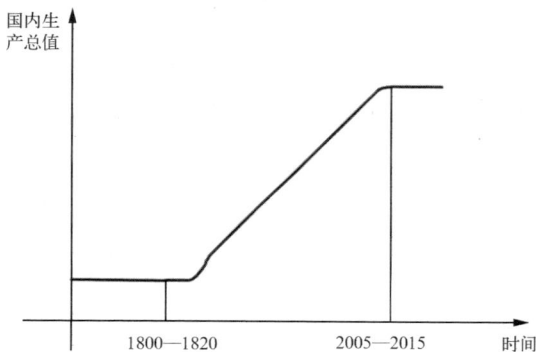

向一种稳定的经济过渡（在让·沙迈尔简图基础上修改）㉗

现，这意味着什么呢？

　　这意味着，如果我们听任目前的趋势发展下去，世界的不平等、资源的争夺和生态条件的恶化，将会导致重大冲突。没有什么能够保证，相变会以和平的方式发生。

　　而经济扩张的放缓，使许多人满足不了因羡慕数百万同龄人享有的命运而激起的欲望，这完全有可能引发他们的挫折感，并进而转变为愤怒。

但是，世界上 90 亿人都享有西方水平的财富，从生态上讲是难以想象的。

因此，大汇流意味着，世界平均物质消费水平应当并将低于西方国家和其他富国的水平。而这会导致后者的平均财富水平应当并将降低。就物质和能源消费而言，西方和富裕国家居民应当并将变穷。

人类可以追求怎样的消费水平？

一个根本的、关键的、生死攸关的问题是：要想确保 90 亿人的幸福而不引发不可控的生态灾难，什么样的消费水平是适当的呢？

回答这个问题，第一步是要从总体层面去分析生态可承受负荷的一个指标：温室气体的排放。这个指标固然不全面，因为气候变化只是全球危机的一个方面，但它可以引领我们的思考，因为，正如我们在下文将看到的那样，改造我们的社会以避免气候系统的断裂，对于生态危机的其他方面将会有积极的影响。

因此，我们可以考虑制定一个温室气体的"总预算"。这是 2009 年一些研究人员在《自然》科学杂志上发表的论文中提出的方法。[28] 他们分析了需要哪些条件才可以使气候变暖比起新石器时代来不高出 2 ℃。超出这个临界点，将会产生极为有害的后果，因为 10 万年来地球从未有过发生这种情况的经验。

这些研究人员根据计算认为，为了有希望将气候变暖控制在 2 ℃之内，我们必须在 2000 年至 2050 年间将碳排放限制在 1 万亿吨以内。而自 2000 年以来，人类已经排放了 3000 亿吨二氧化碳。在 2050 年前的 40 年里，二氧化碳排放必须限制在 7000 亿吨以内……请注意，这要比燃烧所有现有石油、天然气储藏的排放量要低许多。若再加上燃烧页岩碳氢化合物、沥青砂或海底石油，则必将突破极限。

在此前景下，世界公义要求在各国之间分配可能的排放，也就是说，要在各国之间分配这 7000 亿吨的排放"预算"。然而，富国在工业革命期间已排放了大量的温室气体。现在它们的排放量按比例仍远高于世界其他地区，因为每年近一半的温室气体是由它们排放的，而它们的人口仅占全球的七分之一。一位中国专家得出结论："碳空间已被发达国家过度占有。它们必须大大削减排放量，以给发展中国家留出空间。"㉙

这 7000 亿吨的预算在 40 年中进行分配，每人每年大约可排放 2.5 吨。这大体上是一个印度人和一个拉美人的排放量，但低于约 5 吨的世界平均水平。一个中国人排放 6 吨，一个欧洲人或日本人排放 9 吨，一个美国人排放 18 吨，一个非洲人，则不到 1 吨。㉚

数字逻辑很清晰：富国居民应当大大减少排放。这也越来越包括某些新兴国家，如中国的排放就已超过世界持久幸福所希望的水平。

这个问题也可以通过货币单位表示的人均收入来加以探讨。㉛这种推理得出的是同样的结论。这符合逻辑，因为温室气体排放的变动与国内生产总值的变动有相当密切的关联。

让我们总结一下：

——我们生活在一个物质生存条件趋同，或趋于平等化的历史性时刻。

——这一历史时刻发生在一种生态恶化的背景下，生态恶化程度如此严重，如若我们听任其发展下去，人类命运的改善将不再可能。

——生态障碍意味着，世界平等化要通过降低最富裕者的生存条件，亦即通过减少西方国家的物质消费来实现。

整个世界向相似的物质生存条件趋同，生态危机加剧，这些历史现象的结合描绘出未来几十年的历史演变。

有两种方式来面对这一演变：

——或者，西方国家和其他富国试图阻止这一历史趋势，那么，对于资源的争夺会加剧，并导致更多战争的爆发；

——或者，西方国家自愿地适应这一历史趋势，那么，世界将以和平的方式面对生态危机，并趋于形成一种全球社会，这一社会尽管不乏种种紧张，却会为了在最良好条件下继续生存下去的共同利益而协调一致。

这两者之间的抉择尚未做出，这并不奇怪，因为局势依然不明朗，民众亦尚未弄清其中的利害所在。但后新石器时代初期的实际变迁已经启动。这正是2007年爆发的金融危机的深刻意义之所在。

注释

① *OECD Environmental Outlook to* 2050，OECD，2012，p. 147.

② Rostow，W. W.，*Les Etapes de la croissance économique*，Seuil，Points，1970（édition originale en anglais，1960）.

③ Granados，José A，Tapia et al.，"Climate change and the world economy: short-run determinants of atmospheric CO_2"，*Environmental Science and Policy*，2012.

④ UNEP，*Keeping Track*，op. cit. p. 7.

⑤ 关于 20 世纪每桶石油及天然气价格，参见 *BP Statistical Review of World Energy*，2012，以及 "Inflation adjusted Monthly crude oil prices（1946-Present）in May 2012 dollars"，www. inflationdata. com，consulté le 27 juin 2012.

⑥ Campbell，Colin J.，et Laherrère，Jean H.，"The End of Cheap Oil"，*Scientific American*，mars 1998.

⑦ *World Energy Outlook 2010*，résumé，AIE，2010，p. 7.

⑧ Benes，Jaromir et al.，"The Future of Oil: Geology versus Technology"，*IMF Working Paper*，mai 2012. p. 17.

⑨ Heinberg, Richard, *Searching for a Miracle*: *Net Energy Limits and the Fate of Industrial Societies*, PostCarbon Institute, 2009, p. 23. "Energy returned on energy invested", http://en. wikipedia. org/wiki/Energy _ returned _ on _ energy _ invested, consulté le 27 juin 2012.

⑩ Bihouix, Philippe, et Guillebon, Benoît de, *Quel future pour les métaux?*, EDP Sciences, 2011.

⑪ IPCC, *Special Report on Managing the Risks of Extreme Events and Disasters to Advance Climate Change Adaptation*, mars 2012.

⑫ UNEP, *Keeping Track*, op. cit. , p. 21 et 29.

⑬ Interview dans *L'Humanité* du 6 décembre 2011.

⑭ UNEP, *Keeping Track*, *op. cit.* , p. 37.

⑮ Convention sur la diversité biologique, *Perspectives mondiales de la diversité biologique* 3, 2010, p. 27. UNEP, *Keeping Track*, op. cit. , p. 45.

⑯ UNEP, *Keeping Track*, op. cit. , p. 16.

⑰ UNEP, *Decoupling Natural Resource Use and Environmental Impacts from Economic Growth*, 2011.

⑱ PBL Netherlands environmental assessment agency，"Chinese CO_2 emissions in perspective"，Press Release，22 juin 2007.

⑲ Petron，G. et al.，"Hydrocarbon emissions characterization in the Colorado Front Range - A pilot study"，*Journal of Geophysical Research*，février 2012.

⑳ *OECD Environmental Outlook to* 2050，OECD，2012，p. 55. 21世纪头10年中，经济合作与发展组织各国平均年增长1.73%（笔者以该组织统计数据为据计算得出，见 http://stat. oecd. org）。

㉑ Paillarad，Christophe-Alexandre，"La Chine face à la contrainte environnementale"，*Le Monde chinois*，n° 19，automne 2009.

㉒ Severino，Jean-Michel，et Ray，Olivier，*Le Grand Basculement*，Odile Jacob，2011，p. 152.

㉓ PNUD，*Rappot sur le développement humain 2011*，p. 66.

㉔ Joshi，Manoj et al.，"Projections of when temperature change will exceed 2 ℃ above pre-industrial levels"，*Nature Cli-*

mate Change，novembre 2011.

㉕ Summers, Lawrence, "The Memo", 12 décembre 1991, http://www. whirledbank. org/ourwords/summers. html，consulté le 29 juin 2012.

㉖ Pison, Gilles, "Tous les pays du monde", *Populations et société*，INED，juillet-août 2011.

㉗ Chamel, Jean, *Et si la croissance en revenait pas?*，février 2010，http://www. reporterre. net/spip. php?article 2808，consulté le 29 juin 2012.

㉘ Meinshausen, M. et al. , *Nature*，30 avril 2009，p. 1158；Allen, M. R. et al. , *Nature*，30 avril 2009，p. 1163.

㉙ Jiankun, He, "China's vision on long-term cooperative action"，2 décembre 2008，http://unfccc. int/files/kyoto _ protocol/application/pdf/chinasharedivision. pdf，consulsté le 6 octobre 2012.

㉚ Agence européenne de l'environnement，http://www. eea. europa. eu/themes/climate/ghg-country-profiles，consulté le 29 juin 2012；Wikipedia：http://fr. wikipedia. org/wiki/Gaz _ à _ effet _ de _ serre # cite _ ref-28，consulté le 29 juin 2012；CDIAC：

http：//cdiac. ornl. gov/trends/emis/top2008. cap，consulté le 29 juin 2012.

㉛ 笔者从货币角度对此问题进行了研究，参见 Kempf, Hervé, *L'oligarchie ça suffit*, *vive la démocratie*, Seuil, 2011, p. 122. sq. 可查询：www. reporterre. net/spip. php? article2860.

五、 向门外汉解释经济危机

西方人的贫困化

转折点出现在 2009 年。当时,两年前开始的金融系统的垮塌,反映到了商品生产和交换的经济领域。统计数据显示,经济合作与发展组织的大多数国家平均生活水平停止上升或在下降,生活在贫困线以下的人口在增加。

在那些最早受到债务危机影响的国家,即那些没有外援就无力偿还到期公共债务的国家,生活水平急剧下降:希腊即是如此,程度略轻一些的,还有西班牙、葡萄牙和意大利。英国采取了严厉的紧缩措施（但高收入者受到了保护），其可支配净收入于 2010 年下降，这是 1981 年以来的第一次。

集体贫困化则表现为：公共卫生系统服务水平下降，如在葡萄牙或西班牙；南欧国家出售人体器官的黑市在扩张[1]；成年的孩子因无力租房而不得不与父母同居一处，如在意大利或美国；大学生住在集装箱里，如在荷兰[2]；济贫免费餐厅人流不绝。美国可就业人口的失业率达到欧洲式的 8% 至 10%，而此前为 4% 至 5%。在所有西方国家，驾驶自己汽车者都减少了驾车的公里数。[3]

贫困人口，即生活在贫困线以下的人口，达到或超过了人口的 15%。在欧洲，贫困线被确定为中位收入的 60%，中位收入指的是处于将人口分为相等两部分的中间水平的收入（在美国，贫困线被确定为中位收入的 50%）。统计学家们还将无力支付房租或冬天无力取暖等情况称为"严重物质匮乏"，欧洲人口的 8% 属于这一类。[4] 如果说，上层阶级可以全身而退，中产阶级尽管收入减少但仍能勉力维持，那么，那些处在社会下层，又最缺乏政治施压手段的人们，却承受着危机最沉重的后果。不平等社会产生出这样一种怪异状况：最贫穷的人也是最早承受新的贫困化的人。⑤

作为衡量普遍幸福的一个指标，预期寿命似乎仍在延长，但其增长也在逐年放缓。一个更精细的指标，即预期健康寿命，则开始缩短，德国男性缩短，西班牙女性缩短，荷兰和奥地利则两性都在缩短。⑥

总之，情况在恶化。但是，2007年开始的危机只是加剧了此前即已出现的一种状况：此前20年间，伴随着贫困化缓慢但实质性的上升，经济合作与发展组织成员国国内的不平等在扩大。⑦

尽管如此，富国仍享受着远比其他国家高得多的物质生活水平。例如，尽管2012年德国的汽车销售量略有减少，但却是平均25个德国人购买一台新车，相比之下，平均70个巴西人，或122个中国人，购买一台新车。⑧同样，并非在所有地方贫困率都对应着同一现实。例如，在希腊或美国，它指的是每天收入低于约 25 美元的人，在中国，指的是每天收入低于 1 美元的人，而印度，则是低于 0.55 美元的人……

危机是如何发生的?①

若不上溯至 20 世纪 70 年代，就不可能理解 2007 年金融系统崩塌后经济体制的变迁。正是在那时，经济制度的基础发生了颠覆："不平等、投机和负债"三部曲，开始在西方国家取代此前几十年中确保繁荣的"公平、生产率和增长"三部曲。

然而，20 世纪 70 年代发生了什么呢? 经历了 30 年的高速增长后，西方市场出现了饱和，利润所占的份额开始减少。先前的模式难以再运转下去。这一模式是建立在以 20 世纪 20 年代美国一位大企业家亨利·福特的名字命名的"福特式调节"之上的：福特搞明白了一点，即为了出售他制造的汽车并赚取利润，就必须使他的工人们有足够的工资，能阔绰地消费……特别是有能力购买汽车。这种推动高需求的资本主义一直风行到 20 世纪 30 年代危机时期，世界大战后又再度盛行。请注意，福特推动的大众消费的成功，是以汽车和石油的结合为象征的，而石油是加速温室效应的强大因素。这一制度在几十年间创造了奇迹：它以工业生产为中心，确保了实际工资增加、生产率提高和经济增长三者之间持久地协调一致。

但是，充分就业使劳动者拥有了在集体谈判中的分量，也越来越压缩了利润在总收入中的份额。生产国际化逐渐成为资本主义走出困境的一个办法：其目的在于保持大众消费市场的增长势头，而不继续增加工资的份额。⑩ 于是，工业生产搬迁到工资很低的国家。1978 年邓小平推行改革开放后，中国接受了这一游戏。其他国家亦如此，如墨西哥，它在美墨边境设立自贸区，建起了使用当地劳动力的加工厂。

资本因此投到了南方国家。利润也因此得到恢复，这一方面是由于南方国家劳动力的低廉价格，另一方面则是因为这种竞争迫使西方的雇佣劳动者降低他们的要价，甚至同意不断作出让步。20 世纪 80 年代以来，由于微观信息技术的进步，西方国家的生产率继续提高，但产生的剩余价值不再表现为实际工资的增加，而完全被资本的赢利所占有。

问题在于，这样一来，福特制度就缺少了一个基本要素。在这一制度中，高工资促进消费，消费推动经济运行。当工资不再增加时，消费便停滞了。

如何使总需求保持在一个高水平上呢？通过三个方法。首先是让因利润扩大而致富的领导者和赢利者增加消费。其次是压低从中国和其他地方进口产品的价格，以部分地弥补工资的损失：西方工人的工资收入停止增长，但作为消费者，他们购买商品的价格也降低了。最后则是通过家庭的负债。实际上，负债是补偿不平等加剧的一个办法，⑪可以使贫困化的群体保持其消费水平。负债尤其在不动产领域受到鼓励，这是要给不动产购买者造成价格将始终上涨的幻觉，似乎他们的财产将越来越值钱，他们的偿债能力也会因此而增强。

这三样工具——富人的消费，进口产品的低价，

家庭的负债——在占主导地位的美国经济中得到了最
广泛的应用。

在美国，由于美联储采取的低利率政策使借贷富
于吸引力，家庭负债受到鼓励。但美国低利率水平之
所以成为可能，也是因为中国将其一部分出口收入用
于购买美国发行的债券，这样就使得美国家庭负债得
以持续，并保证美国家庭能够继续购买中国商品。中
国和美国有着并保持着由于相互依存而产生的共同
利益。

经济体制这种变化的后果之一就是，自 20 世纪
80 年代起，在经济合作与发展组织所有成员国内，不
平等程度重又开始扩大，[12]美国的情况尤为严重，甚至
出现了人均收入下降的现象。[13]在世纪之交的数年中，
一些欧洲国家的家庭也被鼓励负债：在西班牙、爱尔
兰、希腊，进入欧元区是同借贷的低利率联系在一起
的，但其代价则是贸易赤字和国际收支不平衡的
扩大。[14]

这种普遍趋势之所以出现，是由于 20 世纪 70 年

代开始的资本重组：权力从工业资本——在"光荣的
三十年"中工业资本曾占据统治地位——转移到了金
融资本。生产的全球化可以对此作出部分解释：由于
工业职能的非地区化，工厂不必继续留在国内；相反，
金融交易和贸易专业技能对最富裕国家而言变得更加
有用，其战略重要性也得到加强。

尤其是，1973 年发生、1979 年又再次发生的石油
冲击改变了局面。它首次表明，一种资源受到限制可
以改变世界经济的进程。从短期看，石油冲击导致的
危机使失业重新出现，劳动和资本间的力量对比也倒
向了后者。此外，由于石油价格大幅提高而投入的大
量资金也改变了金融市场的规模。

所谓金融市场，指的是这样一种资本运作场所，
它不仅限于为企业融资，就像 1944 年以来的那样，而
且要对国债、原材料、资金、金融储蓄等进行投机。
20 世纪 60 年代末，伦敦建立欧洲美元市场，用于苏
联和西方世界的交易，并吸纳寻求逃避本国税收监管
的资金，多国公司未用于再投资的利润，等等，自此，

金融市场再度兴盛起来。1974年，石油美元涌来；20世纪80年代，又发生拉美国家债务危机，金融市场达到了新的规模。美国总统里根和英国首相撒切尔放松金融管制，给金融市场的发展以极大鞭策，银行逐步摆脱了有约束力的监管，银行投机有了更大的便利。

因此，不仅家庭负债受到鼓励，各国政府也听任公共债务上升。首先是美国，里根总统再次发起军备竞赛，以耗尽苏联的国力。在经济合作与发展组织所有成员国，公共债务因此从1980年占国内生产总值20%上升到2009年的70%以上。2008年各国又突然增加财政赤字，以挽救濒临倒闭的银行系统并刺激经济。事实上，银行投机行为积累下来的债务——银行不理智的发债，并在金融市场上扩大高风险敞口——有一部分转移给了国家。因此，为在不平等越来越严重的背景下保持高增长而采取的这一做法，导致了一场灾难性的危机。

这些债务中的一部分，尤其是欠南方国家的那一部分，是这些国家出售商品和能源而合法取得的债权，但其中很大一部分是欠金融操盘者的。这些金融操盘者实际上将 20 世纪 80 年代以来因生产率提高而产生的利润据为了己有。

危机的历史成因

如果没有债务给富国经济的肌体注入的大量补充能量，这些国家面对增长动力的自动枯竭，很可能会在 10 年或 20 年间作出调整。危机的爆发完全是拒绝调整积累下的后果。

然而，领导阶级所做出的通过生产全球化和负债来绕开 20 世纪 70 年代出现的问题的选择，却产生了严重的生态后果。这引发了南方出口国过度的、失衡的发展，并消耗了更多的生物圈资源。受到廉价进口刺激的富国的物质消费，既在富国也在全球范围内产生了重大的生态影响。在富国，城市的扩展减少了生物多样性，也增加了能源的消耗；在全球范围，则使得温室气体排放迅速增加。

由此产生的后果现在还不能以可衡量的方式感受

到。但是，2008 年爆发的经济危机也是这种生态危机的反映。实际上，在金融危机爆发前，石油价格就出现急剧上升。而能源价格的上涨，则与能源消费增加及能源产量达到极限两者间难以承受的紧张有关。在雷曼兄弟银行倒闭前两个月，石油价格于 2008 年 7 月 11 日创下了每桶石油 147 美元的纪录。好些分析家认为，这一变化也是危机爆发的原因之一。[15] 而且，正如过去曾经常发生的那样，能源价格大幅上涨将导致衰退。

我们在上一章中看到，开采能源和矿物的成本越来越高。原材料价格下降实际上反映了经济的放缓，从今往后，经济将受到来自两方面的压力：当世界经济增长恢复时，能源和矿物价格会上涨并窒息复苏；经济运转于是放缓，原材料需求减少，价格下降，增长便可得到恢复，但增长又导致能源和矿物价格的上涨，如此往复。解决这个问题——我们将会谈到如何解决这个问题——原则上很简单，但却要求实现一种彻底的改变：与其花费如此多的努力去寻找新的能源，不如优先考虑学会尽可能少地消费资源。

这一现象的另一方面解释了工业经济的增长为什么会放缓。自工业革命初期以来，技术系统都在寻求提高劳动生产率，即改善生产与完成生产所需要的劳动之间的关系。其目的在于解放出一部分劳动力，以扩大各种可能的生产任务和生产类型。劳动生产率因此成为经济增长的条件。但 20 世纪 70 年代的危机改变了这一切。此前几十年间年均增长 4％ 的劳动生产率降到了 2％，石油冲击还造成了大批长期失业者。

富国的劳动生产率不可能再提高许多。这首先是因为生态破坏的代价和原材料价格开始成为沉重的负担：必须投入更多的劳动才能获得这些资源，并减少对环境的损害。其次是因为，在一个总体上已很富裕的社会中，需求从商品转向了服务业或第三产业，而在服务业或第三产业，生产率却很难提高。⑯

解决问题的一个办法是缩短劳动时间。在过去 30 年中，劳动时间缩短了。但是，如果不保留工资水平，这就意味着降低收入。实际情况也正是如此：减少工作时间被强制实行，这或造成失业，或增加了收入很差的非整日制就业。但是，收入的减少降低消费，从而引起经济的不景气。要走出这一恶性循环，就必须改变收入和集体财富的分配。

甚至首先就应该从这里着手：历史性的大汇流从根本上提出了世界公平的问题，而历史性的生态危机也提出了生物圈有限资源的分配问题。

但是，今天世界的领导阶级走的并不是这条路。面对困难，他们本应该彻底改变观念，但事实上却恰恰相反，他们充满自信，试图不惜一切代价维护旧秩序——他们的秩序。

注释

① Bilefsky，Dan，"Illegal sale of organs increases as jobs vanish"，*International Herald Tribune*，1ᵉʳ juin 2012.

② Stroobants，Jean-Pierre，"Viens chez moi, j'habite dans un conteneur"，*Le Monde*，12 janvier 2010.

③ Burwell，David，"America's love affair with the motor car is running on empty"，*The Guardian*，12 juin 2011.

④ "115 millions d'Européens menacés de pauvreté ou d'exclusion sociale"，*Le Monde*，19 février 2012.

⑤ INSEE，"Les niveaux de vie en 2009"，*Insee Première*，août 2011.

⑥ INSEE，"Evolution de l'espérance de vie en bonne santé dans l'Union européenne"，source Eurostat，25 novembre 2011；INSERM，"Les dernières données sur l'espérance de vie en bonne santé dans les 27 pays de l'UE rendues publiques à Paris cette semaine"，communiqué de presse，18 avril 2012.

⑦ OECD，*Growing Unequal? Income Distribution and Poverty in OECD Countries*，octobre 2008.

⑧ Scotiabank Group，"Global Auto Report..."，22

décembre 2011；Pison，Gilles，"Tous les pays du monde"，*Populations et sociétés*，INED，juillet-août 2011.

⑨ Chesnais，François，*Les Dettes illégitimes*，Raisons d'agir，2011；Jorion，Paul，*La Crise*，Fayard，2008；Lordon，Frédéric，*La Crise de trop*，Fayard，2009；Orléan，André，"La crise，moteur du capitalisme"，*Le Monde*，30 mars 2010.

⑩ 关于全球化对降低价格和工资的作用，参见 International monetary fund，"Transcript of a Conference Call on the Analytic Chapters of the Spring 2006 World Economic Outlook with Raghuram Rajan，Economic Counselor and Director of Research"，13 avril 2006.

⑪ Kumhof，Michael，et Rancière，Romain，"Unequal ＝ undebted"，*Finance and Development*，septembre 2011.

⑫ OECD，*Toujours plus d'inégalité：Pourquoi les écarts de revenus se creusent*，2012.

⑬ CBO，*Trends in the Distribution of Household Income Between 1979 and 2007*，25 octobre 2011.

⑭ Kouvelakis，Stathis，"Grèce：destruction programmée d'un pays"，*La Revue des livres*，mars 2012.

⑮ Hamilton, J. D. , *Causes and Consequences of the Oil Shock of 2007-08*, Brookings Papers on economic activity, 2009; Rubin, Jeff, et Buchanan, Peter, "What's the real cause of the global recession?", *StrategEcon*, CIBC World Markets Inc. , 31 octobre 2008.

⑯ Harribey, Jean-Marie, "Pourquoi le PS se trompe-t-il en basant son programme sur une croissance de 2. 5% par an?" 11 septembre 2001; www. reporterre. net/spip. php? article2116, consulté le 1 juillet 2012.

六、汇流的政策

休克战略

西方人物质生活水平的下降是以最糟糕的方式发生的：一部分沉重的负担由穷人和中产阶级来承担。这既非偶然，亦非命定，而是一种故意选择的结果。

正如纳奥米·克莱（Naomi Klein）在《休克战略》中所指出的那样，在面对削弱社会的危机局面时，资本主义并不试图去补救社会的弊端。①相反，它试图利用人民的沮丧情绪，迫使人民同意全面实施其意识形态计划，即经济的彻底自由化。在金融危机发生时，国际货币基金组织就通过以下说法承认了这一点："市场压力能够在其他方式都失败之处取得成功。当他们（指各国人民）面对难以承受的局面时，各国政府往往抓住时机，实施被认为是困难的改革。"②

"被认为是困难的改革"又是些什么改革呢？——难道困难是因为人民自发地加以反对吗？——首先是劳动力市场的自由化，亦即在没有集体规则的情况下，由雇主决定招募和解雇工人。其次，用私人互助保险公司或私人健康保险，以及管理退休金储蓄的养老金管理基金等，取代社会保险和分类退休金等集体性的国民团结机制。最后，资本家希望对仅存的公共企业以及那些仍置于公共管理之下的活动领域实行私有化。

自从21世纪头10年发生转折以来，希腊成为这种休克战略最为壮观的实验场所。这种实验也以不同强度在葡萄牙、西班牙、意大利、英国等国家实施。提出的理由始终如一：必须偿还国家由于公共开支过度而欠下的过多债务。说到公共开支过度，确实如此，但也只是部分如此，因为经济合作与发展组织成员国的债务，是在危机之初为拯救银行、刺激经济而急剧增加的，而且也是在此前几十年中为实现经济增长而有意为之。

于是，人们向最脆弱的国家提供新的贷款，这只是旨在勾销此前部分债务的账面游戏罢了。作为交换条件，贷款机构——国际货币基金组织、欧洲中央银行、欧盟委员会——则要求受贷国大力压缩公共开支，尤其是医疗开支，降低工资，以贱价实施全方位的私有化，包括电、水、交通、港口和机场等各个领域。

在实施同样政策的英国，一些郡甚至试图将各种警察任务，如罪犯侦查、犯人转移或对某些区域的监视等，都实行私有化……③

将自由化和私有化的逻辑施用于环境领域并非无关紧要。在希腊，按照贷款机构的规定，用于环境政策的财政拨款被取消，各种非法建筑被合法化，保护自然保护区的规定被削弱，公共用地被拍卖，国家还受到能源殖民化——一个占地2万公顷的太阳能中心的计划将得到实施，所产电能将出口到德国。④

在增长的情况下破坏环境的经济制度，遭遇危机时同样破坏环境。

资本主义的"生物经济"变迁

将休克战略应用于生态政策并非这种变迁的一个次要方面。正如一个老烟鬼知道吸烟会导致疾病却不会停止吸烟，领导者们知道，增长已经走到尽头，生态危机在加剧，无论是从资源获取还是从生态平衡而言，能源都成了问题，但是，他们却坚信，自从走出新石器时代以来，技术这个魔幻仙女一直十分慷慨，它将会继续支持增长，而作为资本主义意识形态背景的新自由主义也将不会受到质疑。

技术模式的一种悄然转变在支持着这一信念。这一转变的目的，是要用生物量来取代化石燃料，将经济建立在植物、藻类乃至整个生物界的可再生资源之上，而不再是建立在地球在几百万年中形成并遗留下来的将会枯竭的资源之上。这一原则并不坏，但一切取决于实施这一原则的方式。因为，在"生物经济"

也被称作"绿色经济"或"绿色增长"的概念之下，实际上酝酿着同一种制度的延续，只不过是以技术及技术组织方式的另一种组合作为掩饰罢了。

从技术上看，这是要将遗传学知识应用于生物量，通过改变物种的基因组增加其产量，或产生可用于新用途的材料。生物技术（改变植物的DNA）和合成生物学（创造新的物种），被认为可以生产出取代石油的农业燃料，增加农业产量，提供新的药物和其他化学产品。经济合作与发展组织积极推动"生物经济"，它预言，"经济生产的相当大一部分将通过生物技术获得保证"。欧盟委员会和美国白宫于2012年发表了一份生物经济"发展战略"，对此做法给予了官方支持。⑤

此外，我们还走上了纳米技术和地质工程的道路。纳米技术可以减少矿物的消费，或改善太阳能板的效能。地质工程则被认为可以通过改变地球接受的太阳辐射量，或通过吸收大气层中的二氧化碳，防止气候变化。这些进展中的一部分需要求助于生物技术，例如使某些藻类能够吸收二氧化碳。

生物经济的宣传者们认为，生物经济应当按照不受管制的市场模式加以发展，并交由大企业管理。这是要将大众工业生产方式应用于生物界，即在很大的面积上，只用少数人，却消耗大量的水和杀虫剂，来开展植物或动物"产品"的生产。这样的项目需要极大的企业来实施，因为只有大企业才能管理这样的经营，与世界贸易对接，并投入大笔资金进行科研开发。在巴西、阿根廷、印度尼西亚，已经有这样的项目在运营，用于种植甘蔗、转基因大豆和棕榈油。这样做对生物多样性的影响极大，被排斥在经营之外的小农们也只能受雇为农业工人，或流落到大都市的贫民窟中。

根据经济合作与发展组织的说法，还应当降低"监管成本"。⑥因此，白宫的生物经济战略宣称，"战略上绝对有必要""改革监管以降低壁垒"。另一件将带来所希望的改变的重要武器，就是资源的私有化——这尤其可以通过种子或物种的专利来实现。这将为通过市场管理生物界开辟道路，欧洲碳市场就是这种管理模式的一个原型。

最后，经济理论宣称，要通过"自然资本"概念的普及，确保这一整套措施的合法性。这一理论由英国经济学家大卫·佩尔斯（David Pearce）提出[⑦]，并由为德意志银行工作的印度银行家帕凡·苏赫代夫（Pavan Sukhdev）加以现实化[⑧]，使之与联合国的官方语言相符合。它将自然资本——由环境中的所有资源和所有服务构成——与制造资本——由人类活动的所有产品构成——区分开来。这一理论认为，要使发展保持可持续性，就不能使总资本即自然资本与制造资本之和减少。其潜在的想法就是，这两种资本是可以相互替代的。

照此观点，如果说制造资本对环境的破坏极大，那是因为"自然资本"没有价格。保护自然的唯一办法，是赋予其一种价格，使自然提供的服务在经济上得到量化，在某种意义上可以说，让自然进入市场。自然资本的货币化就是要将市场经济的原则应用到环境问题上。

如此表述的"生物经济"范式能够运行下去吗？完全有理由怀疑。在理论上，自然资本的观念将自然视为一种库存，可以分割为可计算的各个单位。但这样一来也就否认了生物圈是一个整体，其协调性源自其内部各种相互作用的新陈代谢，而且，这一整体还受到各种极限现象的约束，一旦某些平衡被打破，它就会崩塌。自然资本的逻辑所设想的逐步适应过于缓慢，难以应对这种具有不可逆性的危险。

从经验来看，也做不出对这一战略有利的辩解。仅仅依靠技术解决不了问题，理由如下：首先是因为我们还没有能力及时回应我们面对的紧迫局面。正如美国国家情报委员会——一个汇总了美国所有国外情报评估和收集单位的机构——于 2008 年发表的一份关于能源的报告指出的那样："目前的各种技术都不适宜用来在必要的范围内替代现有能源结构，2025 年前，新能源很可能不会存在和得到推广。"⑨ 其次是因为人们开始依赖的技术产生了难以控制的副作用：日本福岛核电站的灾难毁灭了核能迅速发展的前景，种植转基因作物出现大面积杂草蔓延抵销了人们期待从中得到的好处，种植或养殖物种生物多样性的降低导致了流行病的传播。

此外，新技术的发展往往会遭到民众的抵制。面对如此局面，要么不经民主审议强制通过，要么展开可能揭露新技术局限性的谈判，从而延缓甚至阻止新技术的应用。

最后，生物经济计划要求必须为"自然资本"确定一个高价格。但市场却不会自动地将其价格定得足够高，欧洲碳市场的经验就说明了这一点。若等出现灾难性局面，市场终于将其价格定得足够高，则为时晚矣。

这些对资本主义信奉者来说都不重要，他们的首要目的，不是为经济制度对生态的破坏找到一个解决办法，而是要维护这一制度的原则。依靠私有化管理的技术方法，可以避免权力分配和收入分配的问题。对于西方国家而言，这样也可以保持对新兴国家的领先地位。

更何况，生物经济范式的继续推进，丝毫不影响对碳氢化合物和矿物的疯狂争夺，我们看到，生态正为此付出越来越大的代价。

争夺生态空间

保持增长的顽念表现为一场攫取尽可能大的生态空间的全球争夺。可以把生态空间定义为全部矿物、能源、生物和水利资源，全部可耕地面积，以及生物圈吸收人类活动的废弃物——这些废弃物可加以利用而不破坏总的生态平衡——的能力。

直至工业革命，人类活动一直远未达到地球生态空间的极限。无疑，最强大的国家有能力动用比其他国家更大的一部分生态空间——我们在第二章看到，这甚至恰好是工业革命先驱国家实现经济起飞的原因。但是，这种对生态空间的占有在总体上仍是可以承受的，尽管自工业革命起，空气成分中温室气体浓度的增加已引起气候变化。我们今天已经达到这样的地步，生态空间已受到严格的限制，对它的攫取变得越来越

困难。对生态空间的占有，从根本上说仍是由国家间
的力量对比决定的。

因此，美国、欧洲、日本继续大规模进口原材料
和能源，它们听任资源供应国的开采条件对环境造成
的破坏远远超出它们自己国家所能容忍的程度。这是
降低资源价格的一种办法。输出有毒产品是占有生态
空间的另一种方式，例如，将拆解废旧电子产品的有
毒垃圾运往非洲或中国，将废旧船舶运往孟加拉或
印度。

来自这方面的压力依然强大，但近 20 年来，又面
临来自新兴工业大国如中国和印度的压力。铜、木材、
石油、煤、大豆、肉类是新兴国家无止境吸纳的原材
料。这固然带动了供应国——拉美、非洲、蒙古、东
南亚——的经济发展，但却付出了生态系统破坏性改
变和严重污染的代价。

2010 年以来，占据生态空间的又一种方式发展起
来，即土地的囤积，也就是在穷国购买大面积的农田，
以开展工业化种植。这一举措是为了回应印度和中国

开始出现的农用地不足的情况，也是为了满足欧洲对农业燃料的需求。8000 万公顷土地，亦即世界 2% 的农耕地，就这样易了手。[10] 交易主要发生在东非和东南亚，主要投资者来自中国、美国、英国、沙特阿拉伯、马来西亚、韩国和印度。四分之一的合同是为了生产农业燃料。有一半的情况是，由于土地已经耕种，交易导致土地上的小农被逐走。这些土地的采购，亦即土地的私有化，是发生在土地产权很少得到保证的国家，因为那里的产权是建立在习惯或脆弱的法律之上的。

为占有海洋矿产资源展开了另一场竞争，深海钻探技术的进步使得深海海底采矿成为可能。这也是为了对各种有机体进行生物技术应用的研究，如种植海藻以吸收二氧化碳。国际海底区域由国际海底管理局管理，但它是以"先到先利用"原则为依据核准勘探的。

海洋和大气层是全球生态空间的一个关键部分，因为它们储存了人类活动排放的温室气体的主要部分。

或许正是在这里，我们可以对生态空间状况做出清醒的评估：我们已看到，一些专家们认为，从现在到2050年，如果我们希望避免气温上升超过 2 ℃的话，最大的可能排放量是 7000 亿吨。但是，由于国际社会没有能力公平地分配生态空间，正如东京议定书谈判失败所表明的那样，占有生态空间的竞争正愈演愈烈。

新兴国家内部的不平等和寡头势力

最强大国家之间的争夺只反映出世界政治的一部分现实。因为这些国家大多数由威权或寡头体制领导，这些领导阶级有着广泛的共同利益，往往也有着相同的生活方式。

1980 年时，资本主义发生了一种转折：在此前几十年中，西方国家的收入分配一直是稳定的，但自此时起，在所有西方国家，不平等都持续地扩大。这一趋势中还出现了另一种现象：最富有者使自己的收入比"普通"的富人增长得更快。⑪这样，社会的顶端就出现了一个无论在权力还是在生活方式方面都按一种特有逻辑行事的协调一致的集团。

在第三章中我们已经看到，同样的现象也发生在许多新兴国家，尤其是其中最强大的国家。中国、印度、南非的不平等现象在扩大；巴西、阿根廷和印度尼西亚的不平等现象有所减弱，但依然处在很高的水平。总体而言，以基尼系数衡量，新兴国家中的不平等要明显比经济合作与发展组织成员国严重。[12]

因此，南方国家在分配方面也面临重大冲突，生产的财富首先被贪婪的寡头势力占有，而其发展方式也很少顾及农业和环境。经常可以看到，领导阶级依靠生活水平不断提高的城市阶层，而与农民、无产者和贫民窟居民相对立。"在印度，不平等成了核心问题"，政治学家苏尼尔·希尔纳尼（Sunil Khilnani）总结道。[13]

在金字塔顶端，出现了一个集中了最大富豪的集团。根据瑞士信贷的一项研究，在中国，2400万人拥有10万美元以上的财富。[14]《福布斯》杂志注意到从世界范围统计出来的1226位10亿美元富豪中，美国有 425 人，占第一位，中国有 95 人，占第三位，仅比使寡头一词再度风行的俄罗斯的 96 人少一人。[15] 罗尔斯·罗伊斯公司为 2011 年售出 3347 台轿车，打破了 1978 年的销售纪录而欢欣鼓舞，公司特别强调，发往中国的轿车要比发往美国的多。[16]

总之，今天在所有国家，社会制度的安排都使得集体活动创造的产值的一大部分分配给了领导社会的一小部分成员。而世界上所有国家的寡头势力形成了一个跨境阶级。他们有着共同的利益——维护给他们带来财富的种种条件，他们团结一致地行动——这不妨碍根据各国国力演变形成的力量对比，而且，他们尽可能依赖富裕阶级和中产阶级——这些阶级享受西方的生活方式，或者希望做到这一点。

各国寡头势力——也可以说世界寡头势力——与各国人民之间的这条分割线，似乎与"北方"和"南方"之间的分隔线同样重要。国家之间的不平等当然是一种极为重要的现象，因为生态的约束要求世界各个部分实现再平衡，但是，这种不平等掩盖了各个社会内部的重大不平等。只有在每个国家内部纠正了不平等现象，世界各部分的再平衡才可能实现。

在 1789 年法国大革命的年代里，法国发生了历史学家所说的"贵族的反动"：贵族们联合起来，维护给予他们特权、保障他们物质待遇的社会秩序。⑰ 一切都显示，历史在重复：随着休克战略的实施，面对不平等导致的紧张局势的加剧，增长的疲乏，生态的困境，今天的寡头势力感到了焦虑不安。面对愤怒的民众，法国大革命时的法国王后玛丽-安朵瓦内特据说曾这样说道："他们没有面包吃，那就让他们吃奶油蛋糕嘛！"今天的形势下也有这样的女王，那就是国际货币基金组织总干事克里斯蒂娜·拉加德。⑱ 不久前，她指责希腊人"总想着逃税"，而她作为国际职员，拿着 38 万欧元的年收入却不必纳税⋯⋯

诉诸暴力

各种紧张局势的交织，使得走向暴力解决成为可能。这也是最近几十年来经济发生迅速变化的结果：

这些变化加剧了不平等，刺激了明目张胆的竞争，激化了个人主义和相互隔离，一部分人被隔离在贫民窟或穷人居住区，另一部分人则住在受到保护的近郊高尚别墅区。这导致不信任和恐惧蔓延，民间的暴力倾向在发酵。

"安全"成了公共辩论中绕不开的主题，被领导阶级无耻地加以利用，他们这样做表面上似乎符合情理，因为最贫困者的权利被有组织地剥夺必然导致违法行为。社会秩序的违章者被大批关押，这证明，混乱局面还会发生，但也会得到控制。"安全"，亦即镇压，形成了一个市场，它甚至成为一个有利可图的经济领域，全世界在此方面的营业额每年增长 7.5％。[19]美国关押的犯人达 200 万，在全世界这场令人痛心的竞赛中名列冠军，而它往往将监狱私营化，从而将监狱变成了一个新的市场。

但是，仅靠对安全的担忧是不足以平息由于精英腐败或经济困难而激起的民众怨愤的。于是，一切手段都施展出来，通过激化排外情绪或民族间的对抗，将日益增长的愤怒转移到外国人身上。要让每个人都相信，困难来自外部，来自敌对强国的恶意，和那些可怜的穷人的入侵，是他们抢走了本地人的工作。

对外国人的戒备当然不是寡头势力的发明。它甚至可以说是人这个社会动物思想中的一个组成部分。但是，它既不是排斥性的，也不自然就占据主导地位，刺激这种感情是一种政治选择。这样的选择被反复作出，因而不是一种临时应对的行为。美国的亿万富翁出钱支持茶党，法国前总统萨科奇在大选中无耻地操弄排外情绪，或印度实业家对人民党的强暴行为不闻不问，都是这方面的例证。在有民主传统的国家，这样的做法是危险的，因为它会导致法西斯主义，导致一种不需要披着议会体制外衣的政治制度。但寡头们完全知道，民主和资本主义已变得不相容，因为前者关心的是普遍利益，而后者则专注于个体利益。

寡头们知道，能够引导民众意识的另一个主题是民族主义，由于无论在专制国家还是在所谓民主国家，他们都控制了主要的大众媒体，这种操弄也更加有效。

在这方面，他们的正当性同样只是表面上的，因为经济竞争的逻辑本身就导致不惜一切代价也要确保获取自然资源。如果气候变化导致民众大规模迁徙以寻找更适宜生存的土地，那么生态危机的后果也有引发战争的可能。

在尤其是美国带动的军备竞赛的刺激下，军事对抗的危险在增加。世界寡头势力有可能把我们带入一个令人难以置信的毁灭性的旋涡之中。人们不会忘记，在 20 世纪，帝国主义的争夺曾导致两次极具破坏性的世界大战。

左翼与新的未来

西方国家政治的新的选择是，它们若想保持繁荣，就必须放弃物质的增长。否则，它们的主要努力就将用于防御对手不可避免的攻击，以及适应越来越具损害性的生态破坏。

我们可以将右翼的政策视同于寡头势力的政策。这一政策可以归纳为休克战略和生物经济，其后果将是暴力不可避免的螺旋式上升。

对所谓左翼政党而言，情况更为复杂。为了论述的清晰，我们假设这些政党与寡头势力并无牵连，但一些人会认为这么说过于简单化了。首先，左翼政党必须与 18 世纪以来引导民主兴起的指导思想决裂，这一思想就是，人类解放取得的进步是与物质条件的进步相伴而行的。

18 世纪时，工人运动受到一种激动人心的希望的鼓舞：资本主义的剥削固然可恶，但是，如果人们用另一种方式将社会组织起来，尤其是将阶级之间的不平等状况颠倒过来，一个"光明的未来"是可能的。这种对理想社会的向往，与对科学技术发展的乐观主义的看法——工人运动对此的看法与资产阶级相同——相结合，培育出了一种被广泛接受的乌托邦情绪。

我们今天所处的 21 世纪的情况正好相反。尽管对于这片土地上的许多人来说，世道是艰难的，但物质条件要比 19 世纪更好，对富国而言，甚至不可同日而语。相反，对未来的看法却远未那么乐观，因为，世界范围的不平等使西方国家物质生活水平的提高变得难以为人所接受。由于生态危机，避免灾难成为应当主要关心的问题。因此，左翼不应再以明天人类的理想状态为目标，而是要保存好能够为后天的理想状态作准备的条件。

这是一种悲观的前景吗？它是一种现实的前景，它与过往的神话决裂，并从寡头媒体与宣传导致的异化的幻觉中解放出来。真相总能使人解脱。与过去的乌托邦相比，我们的计划同样充实而重大：那就是，要完成人类向一个新的世界的变迁——从新石器时代（néolithique）向生物石器时代（biolithique）过渡。

注释

① Klein，Naomi，*La Stratégie du choc*，Actes Sud，2010.

② IMF，*Lifting Euro Area Growth：Priorities for Structural Reforms and Governance*，22 novembre 2010 p. 12.

③ Travis，Alan，"Police privatisation：dozens of firms register interest in £1. 5bn contract"，*The Guardian*，13 mars 2012.

④ Kempf，Hervé，"Ô Zeus，retiens-les"，*Le Monde*，22 janvier 2012.

⑤ Commission européenne，"Innovating for Sustainable Growth：A Bioeconomy for Europe"，13 février 2012；Office of science and technology policy，*National Bioeconomy Blueprint Released*，White House，26 avril 2012.

⑥ OECD，*La Bioéconomie à l'horizon 2030：quel programmme d'action?*，résumé，OECD，2009.

⑦ Pearce，David，Markandya，Anil，et Barbier，Edward，*Blueprint for a Green Economy*，Earthscan，1989.

⑧ Sukhev，Pavan（dir.），*L'Economie des écosystèmes et de la biodiversité：Intégration de l'Economie de la nature*，

TEEB, 2010.

⑨ National Intelligence Council，"Timing is everything"，*Global Trends* 2025，novembre 2008.

⑩ Anseeuw，Ward et al. *Transnational Land Deals for Agriculture in the Global South Analytical Report Based on the Land Matrix Database*，avril 2012.

⑪ Piketty，Thomas，et Saez，Emmanuel，"The evolution of top incomes: a historical and international perspective"，AEA 2006 Session: Measuring and Interpreting Trends in Economic Inequality，janvier 2006.

⑫ OECD，"Gros plan sur les inégalités dans les économies émergentes"，2012.

⑬ Khilnani，Sunil，*Le Monde*，26 mai 2012.

⑭ Crédit Suisse，*Global Wealth Report*，octobre 2010.

⑮ "Forbes World's billionaires 2012"，*Forbes*，7 mars 2012.

⑯ "Record year for Rolls Royce sales as demand grows in China"，*Coventry Telegraph*，19 juin 2012.

⑰ Bien，David，"La réaction aristocratique avant 1789:

l'exemple de l'armée", *Annales. Economies, sociétés, civilisations*, n° 1, 1974.

⑱ Elliott, Larry, et Aitkenhead, Decca, "It's payback time: don't expect sympathy-Lagarde to Greeks", *The Guardian*, 25 mai 2012; "Exonération d'impôts pour le salaire annuel de 380 989 euros de Christine Lagarde au FMI", 6 juillet 2011. www. toutsurlesimpots. com/exoneration-d-impots-pour-le-salaire-annuel-de-380-989-euros-de-christine-lagarde-au-fmi. html, consulté le 3 juillet 2012.

⑲ *Les Echos*, "Milipol: le marché de la sécurité résiste à la crise", 8 octobre 2011.

七、 变迁之路

从物质占有到幸福

在西方社会中减少物质的占有，是一种既不可避免，又值得期待的演变。但是，如何在富裕社会中降低物质消费而不减少人们的幸福感呢？由此一问，便产生出这样一个政治问题：重要的不再是对增长带来的无止境的丰裕物质进行分配，而是要对节俭的生活加以组织。

这一变迁与消费社会中占主导地位的文化是如此背道而驰，因此在其演进过程中不可能不遭遇抵制。

　　领导阶级走上了休克战略的道路，他们完全采取了技术性的应对办法。但是，另一种抉择是可能的，它关注普遍利益，旨在努力使人们在物质满足方面的损失可以在更好地享受集体财富方面得到补偿，而集体财富的理念也将得到更新。

　　对左翼而言，这是一个难以做出的抉择。因为，与西方社会所有人一样，它也深受几十年来塑造了集体意识的宣传——尤其是通过广告途径——以及因 30 年来资本主义失去对手而进一步加剧的个人主义的影响。如同消费社会所有成员一样，左翼也难以将生存条件的改善与可支配物质财富的增加区别开来。

　　左翼应当在寡头的保守主义和生态政策之间作出选择。保守主义者的论据是，最糟糕的情况没有发生，现有体制勉强还能维持。生态主义者的论据则是，我们正在达到极限，一旦超越极限，后果将不可逆转。例如，如果格陵兰冰盖融化，由此导致的海平面上升将高达数米。①当然，他们论据的弱点是提不出达到临界点的时间。

但是，仅仅只有"左翼"与此相关吗？为什么不能更广泛地诉诸所有那些关心共同的善，关心人类和平的未来，和并不总是认同传统政策的人们呢？说到底，这些并不重要：关键在于，那些将社会正义作为自己行为的目标，作为世界和平的象征的人们，应当联合起来，一道努力，正因为全球的不公平不可能被持久地忍受下去，才应当在富裕国家中选择减少物质的消费，而非继续接受它。

后资本主义的三个主轴

目前的局势是矛盾的。公开批评资本主义是自我孤立的最可靠办法，讨论如何走出资本主义被认为是不现实的，一切都显示，这一经济制度仿佛是永存的。斯拉沃伊·齐泽克（Slavoj Zizec）讥讽地写道："我们可以很容易地想象人类的灭绝，但却不可能想象社会制度的彻底改变——即使生命在地球上消失，资本主义也会以这种或那种方式完整地保存下来。"[②]生态灾难的加剧和 2007 年以来金融体系的溃败，都未能阻止同一个领导阶级仍在傲慢地执政。人们把宝藏的钥匙交给了小偷：2011 年以来，欧洲中央银行是由美国高盛银行的一位老人领导，此人曾帮助希腊做假账；大西洋两岸政府内阁中充斥着银行家或大企业的代表。这种令人惊叹的连续性是富国从民主转向寡头制的明显标志，笔者在上一部著作中对此曾作过描述。③

但是，这种情况之所以发生，正是因为左翼没有将其行动置于一个明确的方向之下，没有将生态危机纳入历史的维度之中，没有从正在颠覆人类社会的大汇流中得出自己的结论，它已不再能、不再敢宣称，我们将根据全球共同的善和国际共同责任来决定我们的立场。

既然资本主义不会转向这个方向，价值体系的冲突便不可避免。生态局势的严重性呼唤着一种与之相应的政策。

笔者承认，摆脱寡头制没有任何灵丹妙药。寡头势力尽管遭受持续的、愈来愈明显的失败，却仍有能力牢牢地掌握所有指挥权，对此，笔者也甚感惊讶。

政治斗争是我们拥有的击退寡头势力的唯一手段。

然而，这场斗争也遇到了困难，那就是如何让深受寡头媒体广泛而又巧妙影响的公众舆论明白寡头统治的逻辑。另一个看来难以克服的大难题是，政治斗争主要表现在国内战场上，而寡头体制却是在国际层面扩展开来的。各国政治始终面对的"市场"是在国家间组织起来的，一国若想摆脱其控制，必然会遭到集体的攻击。

一种并非最悲观的预言认为，只有寡头们将我们带入一场灾难，才能打开另一种政策的大门。那么，至关重要的是要准备好为重建解体社会所必需的思想和手段。因此，在此提出这些思想和手段并非徒劳无益。

应当推行的政策在原则上没有任何神秘之处。它可以归纳为三个主轴：掌握金融系统，减少不平等，使经济生态化。

经济上和政治上绝对优先的任务，是要重新掌握对金融市场、对银行和对货币创造的控制。今天的货币体系被交在了私人利益手中，正如《金融时报》一位"新自由主义"社论撰写者所承认的那样："当代货币体系的实质，就是私人银行通过往往不负责任的信贷，凭空创造出货币来。"④私人银行的目的是攫取尽可能多的利润，并取得中央银行和大多数政治机构的支持。在西方国家，一切安排都使得金钱的管理是在违背普遍利益的情况下进行的。

只要人们没有挣脱资本国际魔爪的致命束缚，就什么事情也不可能做到。

重建为人民服务的金融制度应当包括三个方面：

一是国际货币体系应当摆脱美元而建立在一篮子货币之上，其中应当包括新兴国家货币，以及反映生态状况的计算单位，例如一种与减少二氧化碳排放量相关的计算单位；

二是建立由公共银行监管的地区货币区，公共银行应当向国家或地区国家联盟负责；

三是在地方层面，即在愿意这样做的城市和地区，可以创造补充货币。

在逐步摆脱债务负担后，国家不应再负债：全面减少物质消费要求，不再实行赤字财政。

新政策的第二个主轴是减少不平等。确实，必须改变由寡头定义并推向整个社会，从而使之成为一种正常状态的过度消费的文化模式。降低消费意味着人们不会再总是面对那些最富有者炫耀式的浪费场面：私人飞机、豪华游艇、高速跑车，这些都是无所顾忌地造成污染的不健康的例证。

另一方面，为了重新创造出一种团结一致的情感，公平是必不可少的：减少物质消费若不是一种公平分担的政策的结果，中产阶级将不会为此付出努力。最后，必须收回被富人们攫取的那一部分集体财富，用以改善最贫穷者的命运，并为经济转型提供资金。30年来，富国的税收政策一直在降低对高收入和企业利润的税收，同时各种各样的避税手段又方便了对集体财富的窃取。近20年来，经济合作与发展组织成员国国内生产总值的5%到10%，就这样从劳动的收入变成了资本的收入。

第三个主轴，使经济生态化。为未来保留希望要求尽快减少经济活动对生物圈的影响。因此，寻求经济的"稳定状态"（此概念由经济学家赫尔曼·达利提出，最近被彼得·维克多模型化）是值得期待的。那是要达到这样一种状态：人类活动得以全面展开而不再被迫不断增加物质生产。由此引出的一个口号是：厉行节约能源和物质资源。

废除失业

现代世界最令人不解的特征之一，就是发明了失业，这是一种始终有相当一部分人找不到工作的反常状态。这不仅是一个经济问题。这也是有组织地使人的尊严集体缺失的问题，因为除了失业者内心产生的无力感，还有在社会上自尊受到的侵蚀，而吊诡的是，这个社会比任何时候都更宣扬劳动的价值。

过去，人们干活也会有活计少的时候，主要是农业中的农闲时期。他们的生活固然极为艰苦，往往很贫穷，但每个人都能找到活计，并且承担着证明自己属于社会的一份职责。但是，正如西方社会已经习惯于认为社会成员中的许多人"无固定居所"而睡在街上是正常的那样，它们也认为许多人找不到工作是一件正常的事情。

这样一种排斥机制扩大到了世界范围。在许多国家，尤其是在非洲，人口中很大一部分事实上没有生产性的就业，只是自己想办法找一些临时活计糊口度日。

21世纪初资本主义社会与劳动的关系还有一个惊人的特色，那就是年轻人就业遇到了最多的困难。与史前史和历史告诉我们的一切恰好相反，社会的有生力量被排斥在使社会得以永续的使命之外。寡头的贪婪之外，又加之以代际的自私自利。老年人拒绝给年轻人让位。

资本主义的演变正在使情况恶化，这一演变导致了生产过程乃至信息传递过程的进一步机器人化，其目的是要了结同影响利润率的劳动之间的纠葛。例如，日本的佳能公司宣布，"为降低成本"，它正准备建造一家不雇佣任何工人，完全机器人化的照相机制造厂。⑤同样，亚马逊公司重金收购 Kiva Systems 公司的机器人项目，以完全利用机器人在巨大的物流仓库中完成订单派发工作。生产过程中劳动的自动化意味着，资本主义在彻底削减了农业劳动后，正准备彻底削减工业劳动。它准备逐步地使人口中的一大部分失去劳动资格，这将使得被排斥者的世界与占有者及其仆役的世界之间的鸿沟更加难以跨越。

而面对这一致命的演变，必须宣告，废除失业是必需的，也是可能的，只有这样，才能使每个人都找到一份有利于社会，并赋予其尊严和生存的自主手段的工作。

农业可以创造数百万个就业岗位

在此，应当提出一个完全背离传统理念的观点，这一观点不仅未被官方经济学家和其他决策者思考或评论过，甚至没有人听说过。确实，正如在遥远的过去地理学家相信地球是平的那样，为寡头服务的经济学家也深受先知罗斯托信条的影响，那就是，历史发展的方向只能是取消农业劳动：在发展的第三阶段，农业劳动生产率提高，由此减少下来的劳动者就可以进入工业生产的过程之中。既然神意如此，资本主义宗教的教士们自然将此奉为圣旨。

然而，如果说在工业革命期间情况确实如此，那么，当人们将生态纳入考虑时，情况就不再如此了。资源减少，人口压力加大，工业化农业大规模消耗能源，一切都显示，仅使用少量劳动力，但大量消耗能源、水、杀虫剂和化肥的大规模农业已不再适宜于新世界。况且，在最近这一时期，农村人口流失往往不是由于农业劳动生产率的自然提高引起的，而是因为政府采取了有意削弱小农经济以向其决定要发展的都市提供劳动力的政策。这样做也是为了从邻近市区土地的地产投机中赚取可观的利润。这一进程在中国和中美洲很明显，但自 1980 年以来，在美国和欧洲也同样如此，消灭中小农业的做法一直在持续。更广泛地看，30 年来强制推行普遍自由贸易，也是削弱最脆弱的农业经济的一种有意的、自觉的选择——非洲为这种在意识形态激励下确定的政策付出了高昂的代价。

在南方国家中支持小农业的必要性，现已得到国际上农学家们的高度认同：支持粮食种植而非为出口种植，加强农业生态研究，注重本地知识，进入地区市场，多国范围的关税保护，这些都是正式文件中宣布的优先考虑事项⑥，但在现实中却并未体现出来，占主导地位的逻辑依然盛行，甚至随着对土地的囤积而得到加强。

这个问题并非穷国所特有，在北方国家，它同样以基本相同的方式紧迫地提了出来。北方国家也应当结束仅仅依靠少量生产率极高但接受大量补贴的大农场的政策，它们消耗了大量的水和各种投入。农业确实潜藏着创造就业的巨大潜力。究竟能创造多少就业呢？如果相信一个协会和专家协调组织提出的数据，农业在欧洲可以创造 300 万个就业岗位。⑦为达此目的需要采取哪些措施呢？建立公共土地机构以制止地产投机，并使年轻农民能够获得土地以从事经营；提出鼓励保护环境的农业政策并给予补贴；对分配环节的利润加以控制。

从诸多方面看，这最后一点都至关重要：首先，大型贸易公司拥有巨大的购买能力，这使它们能够将自己的价格强加于供应商；实际上，它们攫取了农业的剩余价值。其次，它们处于地方腐败和地产投机网络的中心。它们也导致了依靠远程运输和生态方面极具破坏力的某些大众消费方式。最后，大型贸易公司摧毁了小型商业的就业。分配环节改革将显示出创造就业的巨大潜力。

农业就业的这种变迁是与减少物质消费的目标相一致的。一些法国农学家对 2050 年世界粮食状况预测的分析很好地说明了这一点。⑧这些专家对比了两种前景：第一种前景预测占主导地位的农工业体制的扩展将继续下去，耕种面积将得到扩展，生物技术将得到开发；第二种前景设想了一种"农业生态学"，它使用更多的劳动力，更少的各种投入，采用的是扎根于当地生态系统的农业方案。

区别实际上来自作为参照的食物消费方式：在第一种前景中食物消费方式仍是不平等的（富国每人每天 4000 千卡，南方许多国家则每人每天 3000 千卡），尽管总产量在增加（＋70％）；在第二种前景中，所有人趋向于每人每天 3000 千卡的同一水平，这样，总产量只需要增加 30％。

最后，如果说，从世界未来的角度看，农业的命运极为关键，这还出于另一个原因。今后，人类的幸福将取决于其是否有能力恰当地调动生物圈资源，利用而非破坏西方人所称的"大自然"奉献的巨大财富，拥抱而非强暴生物多样性。重要的是要翻过有效利用资源但却无视生物圈各种调节功能的新石器革命这一页，完成工业革命，以投身到人类与地球上其他生物物种共同繁荣兴旺的生物石器时代。这些物种不仅向人类提供食物，而且提供能源、化学、医药资源。农民将是这一新的技术阶段的主要行为者。然而，这一新的阶段应当在共同利益而非私人资本利益的引领下展开。

聪明的节俭创造就业

虽然说在所有国家农业都应恢复其在总就业中的重要地位，工业领域的就业却并不会因此而消失，但是，许多工业活动将根据其生态影响和社会效益而发生重要的改变，尤其是所有与能源和运输有关的活动将因此而改观。由于自由贸易的意识形态将不再主导世界贸易，另一个重大变迁将会发生。

一方面，将生态成本纳入国际运输尤其是航空运输的成本，将会导致运输量的减少。另一方面，关于重视环境的国际标准的逐步建立，将会遏制因不顾污染、极度剥削劳动力而产生比较优势的产品的贸易。

而且，减少物质和能源消费的事业也将是一个重要的就业岗位的来源。其他领域也应引起注意。例如，仅仅为了支撑高增长而过度增加的基础建设，其维修和维护需要大量劳力。恢复被破坏的生态系统，也将成为一项重要工作，如所有与废物利用和废品回收有关的活动。

　　总体而言，由于大部分生态型的生产方式要比污染性的生产方式需要更多的劳动力，因此，环境保护政策本质上是创造就业的。

　　此外，物质消费的减少，将会由于更加有利于人们充实地生活的集体性服务，如教育、健康、老年人医疗等，而得到补偿。这些领域恰好是寡头们为了"压缩开支"而主张削减的领域，这对于社会而言是一种自杀性政策。因为，尤其是教育，正是任何人类群体未来的幸福和力量的关键之所在。

　　甚至文化领域的就业也将增加。少受电视异化的公民不看电视，而前去观看在新的精神状态下涌现出来的各种各样的演出——话剧、朗诵、音乐会、讲演、街头卖艺、故事会、杂技、诗歌会和其他各种鼓动你的梦想和智慧的活动——这样的想象难道是荒唐的吗？

　　最后，任何后资本主义的就业政策都将要安排好工作的分配和工作时间的缩减。资本家也在安排工作时间的缩减，但却是以最坏的方式，即通过失业和工作的普遍不稳定来实现的。我们应当接过手来，以使得通过劳动生产率的提高带来工作时间的缩减，其结果不是让资本通过失业压缩工资而获益，而是通过集体讨论决定工作的新的分配。而且，正如我们将看到的那样，改变对劳动生产率的分析，其结果将会是以新的方式提出工作时间问题。

从物质财富的配给到公共产品的充裕

笔者住在西欧，不知道下面说的这件小事在多大程度上具有普遍性。事情是这样的：笔者到超市去找一种酸奶。酸奶是用沥干而不发酵的奶（最经常的是牛奶）制作而成的。它于2000多年前发明于土耳其，传播到了许多国家。但很难在超市奶制品专柜找到一罐普通的酸奶。因为超市好几层专柜推荐着几十种餐后奶制甜品，因制作方式不同（加奶油的，拌奶油的，掼奶油的）而不同，因含脂量不同而不同，因成分不同（用各种奶油混合的或添加的）而不同，因口味不同（水果的，巧克力的，焦糖的，等等）而不同，还有各种不同的包装。需要很长时间，才能找到装普通酸奶的小纸罐。不知道法国奶制品令人哭笑不得的多样性，是这个地方农业食品工业特有的创造性的标志呢，还是反映了普通酸奶利润太低不能让商家得到满足的事实？但它肯定证明，减少这种多样性不会损害消费者的幸福感。

这件事的意义何在？我们应当说得具体点。我们应当自问，富国减少物质消费实际上意味着什么？自然，农业食品工业推荐的餐后甜食的种类会减少。除此之外，中产阶级或上层阶级成员拥有的物品的件数和种类也会减少：每户拥有几台电视机，每天吃许多药物，私人游泳池，一辆或几辆汽车，几台微波炉，榨汁机，烤面包机，洗碗机，除味剂和剃须后用的抹脸油，富国的人们拥有的难以计数的器具和物件的清单长而又长，这些东西占据了太多的地方，一个重要原因就是，不管是因为技术更新带来的后果，还是因为电视或媒体宣传的品牌制造出来的时尚，这些东西过时得太快。还别忘了，每天要喝几升苏打水或温咖啡——一种北美的文化特点——吞食几公斤肉，含脂、含添加剂和含糖都过高的食品，还有从小在广告刺激下养成的贪吃甜食的习惯，等等。

如何减少物质消费？在很多情况下，这取决于明确而果断的政治抉择。例如，针对儿童的甜食产品电视广告不符合任何集体经济利益，相反，会增加健康方面的支出；这种广告之所以还在大多数富国得到允许，完全是因为推销甜食广告的压力集团的强大力量。在其他方面，尤其是使用水和能源方面，可以采取递进费率，消费越多，费率就越高。无论对于环境还是对于公共财政而言，有利于减少污染产品高消费的税收优惠，也是一项有益的措施：例如，廉价航空的发展在很大程度上是与十分有利的税收条件相联系的。

此外，通过减少不平等的政策，也会自动减少物质消费对环境的影响。许多研究确实表明，在经济不平等和污染之间存在着联系，尤其是二氧化碳排放与收入水平有着对应关系。⑨至于减少其他类别的物质消费，这应当通过民主辩论，通过制订影响商品价格的环境标准，以及通过改变思想、改变声誉标准从而改变人们的行为来实现。

事实上，一个达到物质上成熟的社会，并不需要多少新东西。在出于习惯或由于广告的力量而积攒成堆的无数商品中砍去一部分，要比人们想象的更容易。相反，这样一个社会会更加关心在相互关系和医疗看护方面提供的服务，这样的服务对于人本身各种可能性的全面实现更有作用，如教育、健康、文化、培训。应当减少财富，而增进联系。

与此相反，资本主义却要求放弃对集体服务（教育、健康、退休、交通、环境）的公共管理，以便将其变为商品。如此一来，获取这些服务就取决于每个人的支付能力。但是，当这些成为商品的服务的价格上升得超出消费者的支付能力，消费者便会贫困化。这正是今天发生的事情。一项使所有人都能得到这些公益服务的政策将使整个共同体富裕起来，这也将使物质消费的减少得到补偿。

此外，这项政策还将有利于社会安宁，社会安宁正是人们通常说的"安全"的确切名词。因为不安全主要产生于那些被排斥在人类尊严之外的人感受到的失望，他们得不到教育，不能在社会金字塔中占有一个体面的位置。使集体财富得到丰富的政策还会产生其他益处，例如医疗开支的减少，因为一部分医疗开支来自暴饮暴食，受到有毒化学品的感染，以及看电视时间过长。

因此，一方面，收入分配得到纠正以减少不平等。另一方面，新的经济活动的分配也得到落实：物质和能源消费的减少，也将减少对生态产生有害影响的各种活动；与此同时，集体服务和公共产品将得到发展。公共产品也包括生物圈状态，即气候的平衡、生态系统的健康、生物多样性的保持。

放弃 GDP

从"增长"的教条中解放出来，意味着不仅要改变它所依赖的指标——国民生产总值（GDP），而且要放弃这个指标。我们知道，经济增长是 GDP 增长的同义词，因为政治领导人和记者们使用"增长"一词时，就好像它是"经济"的同义词。因此，批评增长等于批评 GDP，而走出增长也就意味着放弃 GDP。

GDP 这一指标的缺陷广为人知，无须在此辞费。主要的一点——而这一点使得该指标不适宜于指导我们这一时代所必需的政策——就是它不反映经济活动的一个重大后果，即经济活动对环境的影响。由于世界的未来寄托于人类维系生物圈平衡的能力，GDP 的任何增长实际上都意味着对这种生死攸关的能力的削弱。

为什么当今的教条如此顽强地维护这个有倾向性的、危险的工具呢？难道是由于幸福与 GDP 增长之间的关联吗？各种研究清楚地表明，当收入超过某一界限，而且这一界限在西方标准看来还相当低，幸福感便不会再随着 GDP 的增长而上升，甚至还会倒退。难道是由于 GDP 增长与就业水平之间的联系吗？这两者间关联的自动性根本就不能得到保证，除非将增长水平提高到生态难以承受的程度。

在此情况下，为何增长的目标还在寡头势力和媒体中保持着如此大的影响力呢？因为"增长"今后要承担起两种职能。第一个职能是掩饰不平等状况的演变。增长在提高平均物质水平的同时，也使人感受不到，甚至看不到，一小部分人攫取了总体财富增加中不成比例的一大部分。

第二种职能纯粹是财会方面的，在因公共债务状况而瘫痪的欧洲国家和美国，它起到相对减轻债务负担的作用。因为增加 GDP 可以成比例地增加财税收入，并便利支付公债利息。相反，如果 GDP 下降，债务的相对负担就会加重，使得局势难以为继。解决这一问题的办法，就是不承认债务中的非法部分，追讨逃税，并通过提高高收入者税率以大力减少不平等。但是，这样做实际上是向金融市场发起攻击，这对于已变成寡头政权的西方国家的领导人来说是难以想象的。因此，他们顽固地追求 GDP，就像热衷于最神圣的圣物一样热衷于 GDP。掌握在强权手中的媒体和经济类报刊也日复一日地向公众舆论反复絮叨着这一教条。

另一个同样重要，却未引起足够讨论的问题，是必须对劳动生产率的观点提出质疑。我们知道，劳动生产率指的是生产和实现这一生产所投入的劳动之间的关系。经济学家们认为，劳动生产率的提高本身是一件好事。这一概念与 GDP 概念密切相关，劳动生产率的增长被习惯性地认为与 GDP 的增长有关。实际上，这是一个欺骗性很强的指标⑩，因为它既没有考虑能源的投入，也没有考虑生产造成的环境破坏。况且，经济学家们通常只使用"生产率"一词而不加以明确，显然，在他们看来，这指的是劳动生产率，而排斥了其他任何参考因素。

生态经济学的目标是要减少经济劳动对环境的影响，放弃追求劳动生产率的提高是其关键。这一学科的一位先驱赫尔曼·达利（Herman Daly）确定了旨在限制经济中的物资流以减少经济对环境影响的三条原则。第一条原则是利用可再生能源的速度不应超过能源再生的速度。其次，不可再生能源枯竭的速度不能超过创造替代能源的速度。最后，产生废弃物的数量不应超过消化这些废弃物的能力。

这三条原则会导致经济计算方法的改变。这样，就必须计算"要素"生产率，即在一件物品的生产和生产此物品所使用的能源和材料的数量之间建立起关系。这当然不排斥寻求劳动生产率的改进。如果说，有一种办法，在消费同样多的能源和材料的情况下，能够使用更少的人力，这当然是更可取的。但是，不应当再允许劳动生产率的进步是通过物资和能源的生产率的恶化来实现的。

因此，经济计算将使生产过程中使用的材料和能源的账目系统化。有一种叫作"生命周期分析"的方法现在正在设计之中，这个方法是要计量生产一件产品的各个阶段所消耗的材料和能源——以及产生的废弃物——的全部情况。这样的分析应当被强制性地置于经济政策的核心，而不是像今天这样只被置于其边缘。

还应该通过技术手段，使产生的污染价格化，尽管这样做会引出一些困难的理论问题，但这样就可以使污染与生产中产生的劳动力价格或能源价格得到同等对待。

让科研活动重新服务于普遍利益

生物石器时代以自然资源相对于人类数量和欲望而言的有限性为特征，在这一时代，技术行为将旨在提高生物资源的生产率。

让我们再来谈谈"生产率"一词。它也包括了生产与资源消耗之间的关系。换言之，生产率的提高要求减少生产一件产品所使用的资源。"资源"一词用于生物界，便有了一种纯粹工具性和效益性关系的含义，因此在此使用时不能不有所保留。实际上，向一个关心共同的善和生态平衡的社会过渡，应当是重新定义与西方人所称的"自然"的关系的机会，因为西方人将自然"外化"，从而将人类与生物世界的其余部分区分开来。

因此，问题不在于仅仅依照节约"资源"的原则行事，而是要遵循一种新的文化，去理解人类的经历相对于生物界的经历意味着什么，并据此在我们这个物种与岩石、植物、动物、微生物之间建立起新的关系。为此，我们必须为在这个既是一种资源，但本质上又是资源以外的另一种东西的世界上如何作为，提出一种行之有效的思想。

在作出以上说明后，让我们回到以节约资源为导向的新的技术行为应达成何种目的的问题。与这一新的原则同样重要的，是社会应当如何组织起来以追求技术进步，亦即国家的科技体制问题。今天，这一体制屈从于资本主义的利益和利润的逻辑。实验室往往只有与私人企业家签订协议才可能获得融资。为迅速应用一项发明的竞争压倒了研究中的合作精神。技术专利和目标的实现——包括生物有机体的改变——其目的都是要独占知识的成果。研究人员自己往往也在寻求致富，他们或者摇身一变成为企业家，或者利用其被人们推定的中立立场为压力集团或私人利益服务。

这一演变导致了相当一部分科学活动的堕落，事实上，同整个社会一样，科学界也受到了新自由主义的压力。科学研究今后将在很大程度上受到寡头体系利益的影响，而技术活动的公共监管机构却总是受到削弱。正因如此，一种新现象在其规律尚未被很好理解之前就已开始了应用。所谓新技术，尚未事先评估其风险和弊端，便已被引入公共领域。当事情变得糟糕时——这是常有的事，如转基因产品或核能等——灾难的责任则由集体而非私人运营商来承担。

科学活动的目的是追求知识。知识是人类的共同财富。谁都不能将共同财富据为己有。社会应当重新掌握科学，把科研人员从资本的监护下解放出来，重新让他们的知识和努力为普遍利益服务。

对科研活动的公共掌握，还应当通过民主的科学实践来加以保证，研究人员、公共负责人和企业不应成为仅有的科学行为者。对技术的风险和益处的独立评估应当体制化，例如组织辩论和审议。举办"公民论坛"，即让通过不同渠道了解到某一公众关心的技术问题的普通人对此发表自己的意见的做法，应当制度化。

其至选择研究方向也可以民主化，因为科学并不遵循一条自动的发展途径，而是在很大程度上取决于将预算划拨到哪一方向的研究。科学活动本身也可以邀请公民参加，例如，在建立物种名录方面就已经这样做了。

一场文化斗争

我们必须确定一整套措施、目标和方法，即人们所说的规划。但同时要考虑到，要实现这一规划，不仅要取得对寡头势力的政治斗争的成功，而且要改变作为西方社会，在很大程度上也作为已连成一体的世界各族社会的特征的文化准则。

30 年来，个人主义的意识形态，对集体行为的否定，对市场的颂扬，已长久地渗透到了确定何为善、何为舒适、何为荣耀以及何者可欲的共同价值观世界之中。⑪在我们的头脑中和在我们的行为中，都需要完成一项深刻的转变——这一转变应与 30 年来对世界心理状态的影响同样深刻。那就是要用一种团结的、互助的文化，取代个人主义的和竞争的文化。

例如，减少物质消费而不让人感到痛苦和觉得受到剥夺，这当然需要对财富的一种新的定义，需要一种情感基调的改变，需要一种娱乐观和荣誉观的彻底转换，尤其需要一种具有新追求的新文化。

因为文化不是一个问题，而是一种存在方式。不能通过政治决定去改变存在的方式和思考世界的方式。共同意识的自发的波动，对寡头势力强加的紧缩政策的具体感受，某位明星或某个知识分子在节俭而幸福的生活方面做出的榜样，对无聊的消费感到厌倦的诸多团体的实际经验，生态危机的加剧，这些都会对仍然普遍存在的异化产生潜移默化的影响。

但是，一项实现过渡的文化政策可以并且应当得到讨论。寡头势力肯定会通过媒体和宣传对人们的普遍想象施加影响，从而破坏人们的思想自由。因此，对自由的关切使人们有正当理由制定规划，以确保限制广告，保障媒体的资本独立，并关注电视节目的内容。例如，瑞典已禁止面向儿童的广告，巴西的圣保罗市也禁止在街上张贴广告。忘掉压力集团的抱怨，谁也不会认为社会会因此而变得更加糟糕。同样，一项坚定的政策，如果能够建立在公民充分认可的理由和价值观之上，是可以改变人们的行为的。例如，法国在交通事故中死亡的人数从 1986 年的近 11000 人降至 2010 年的 4000 人，而在此期间交通流量却增加了一倍。

　　同样应当重新制订一项教育政策。当然，要确保教师有最好的教学手段，要制止小学、中学和大学的私有化，因为其目的是将富人与芸芸众生区分开来。要终止大学收取高学费的做法，这种做法导致了美国或英国的年轻人刚刚走进人生便已负债累累的令人惊诧的状况。但同样重要的是，要保证公民和民主机制、全球的相互依存、对生态进行动态分析的重要性等在教学内容中得到正面的介绍。任何一个社会都不会对年轻人的教育毫不关心。最能显示没落的资本主义有害气氛的征兆，无过于它听任公共学校走向败落，甚至有计划地亲手将其遗弃。

南半球国家的转变

西方人的文化也应在另一个层面上发生改变：相对于两个世纪以来他们已习惯于直接或间接地加以统治的其他国家，他们应当理解并承认，他们自身的地位已受到削弱。然而，他们却还在相信自己的文明是高等文明的信念和人类平等的抽象原则之间来回摇摆。人类生存的物质条件的趋同所导致的相互关系的改变，将考验这种信念和这一原则。两个世纪以来至高无上的地位，集体享有的无可比拟的安逸生活，寡头势力中相当一部分人挑动的排外情绪都表明，这种改变是困难的。但是，确实如此吗？无论如何，在通往建立在节俭之上的新社会的困难而激进的道路上，富裕社会能够找到一种新的骄傲。既然他们的生活水平在 20世纪成了世界上荣耀的标准，那么，可以认为，他们在 21 世纪的选择也将影响到世界其他地方。所有人都有尊严，因为所有人都是平等的。

不存在两个分裂的、对立的世界，只有一个共同的未来。不论是在暴力中颠簸，还是通向正义，道路我们都要一起走过。但是，新兴国家和南方国家的不平等同样十分严重。因此，推翻国际上利害一致的统治阶级是大家共同的利益。

美国和欧洲研究人员的一份报告，通过二氧化碳排放量这一基本事例，证明了这一共同利益。⑫研究人员注意到，人均排放量与收入密切相关，因此，他们将世界上所有人根据其收入，亦即根据排放量，做了一个排队。他们继而审视了到 2030 年将年度二氧化碳排放量限制在 300 亿吨之内需要做些什么。达此目标的一个办法，是规定地球上每个居民的排放量不能超过 10 吨。绝大多数人低于这一限度，但是，有约 10 亿人的排放量远超此限度。

要守住总的上限，必须减少这 10 亿人的排放——明言之，减少不平等。这与哪些人有关呢？各占 2.5 亿人的四部分人：一部分在美国，另一部分在经济合作与发展组织各成员国，第三部分在中国，第四部分在世界其他地区。换言之，要让每个国家或国家集团中的最富有者减少排放。为生态平衡和正义而进行斗争是世界性的——尽管超量排放二氧化碳人数最多的富国应当为此做出最多的努力。

资本主义为攫取世界财富尽可能多的一部分导致暴力行为蔓延，在受到暴力影响的穷国，社会斗争和生态主义者的斗争以愈来愈激烈的方式在发展。农民们到处都在反对土地被征用、被囤积——在印度，在非洲……在秘鲁或在巴布亚的矿区，在尼日利亚的石油产区，土著人和劳工为反对生态上造成灾难的开采和人道上令人愤慨的剥削而奋起斗争。在孟加拉、巴基斯坦和泰国，工人和工会会员与老板和士兵对峙，反对他们的野蛮剥削。在柬埔寨和巴西，生态主义者试图阻止对森林的破坏而遭到殴打。在中国，公民们动员起来反对工厂的严重污染。

在南方和北方，各种斗争彼此呼应，其场景往往相似：例如，2011年，在智利，对破坏生态的水坝计划的抗议活动，引发了大学生们和社会上反对学费过高的骚乱；在魁北克，继反对开采页岩气的斗争而起的，是反对大学收取注册费的浩大的学生运动，2012年4月，还发生了反对对环境造成损害的大规模游行。

世界正处于动荡之中，统计显示，近些年来发生的动乱在增加，甚至还导致了2011年阿拉伯之春这样的巨大震荡。富人和穷人之间的差距依然巨大。但是，共同利益是广泛的，敌人是共同的，向往是相似的，这里的成功有利于那里的斗争。如果说，南方的大部分居民完全有理由希望改善他们的物质条件，但他们对共同的善的需求，对正义的渴望，对生态恶化的担忧，也绝不亚于北方。目标是一致的。通过人民，世界连成为一体。

注释

① Lenton，Timothy et al. ，"Tipping elements in the Earth's climate system"，*PNAS*，7 février 2008.

② Zizec，Slavoj，*Que veut l'Europe?*，Climats，2005. p. 63.

③ Kempf，Hervé，*L'oligrachie ça suffit*，*vive la démocratie*，Seuil，2001.

④ Martin Wolf，*Le Monde*，16 novembre 2010.

⑤ Hill，David，"Canon camera factory to go fully automated，phase out humain workers"，*Singularity Hub*，6 juin 2012.

⑥ IAASTD，*Agriculture at a Crossroad*，*Executive Summary of the Synthesis Report*，2008.

⑦ "L'agriculture：un projet européen pour sortir des crises"，Alimentons l'Europe，2009，http：//www. alimentons-1-europe. eu/，consulté le 9 juillet 2012.

⑧ Dorin，Bruno et al. ，*Scénarios et défis pour nourrir le monde en 2050*，Quae，2010.

⑨ Weber，Christopher et al. ，"Quantifying the global and distributional aspects of American household carbon footprint"，

Ecological Economics，juin 2008；Lenglard，Fabrice et al.，"Les émmissions de CO_2 du circuit économique en France"，*Rapport sur les comptes de la nation* 2009，INSEE，2010；Longuar，Zahia et al.，"Chaque Français émet en moyenne 2 tonnes de CO_2 par an pour effectuer ses déplacements"，*La Revue du CGDD*，décembre 2010.

⑩ Gadrey，Jean，*Adieu à la croissance*，Les Petits Matins，2010.

⑪ Flahault，François，*Le Paradoxe de Robinson*，Mille et une nuits，2005；Dufour，Dany-Robert，*Le Divin Marché*，Denoël，2007.

⑫ Chakravarty，Shoibal et al.，"Sharing global CO_2 emissions reductions among one billion high emitters"，*PNAS*，2009.

八、 地球上的人民

给予和收受相会之处

在人类的历史上我们第一次形成了一个唯一的社会，有着一种通过电子通信、旅游、电视、贸易而统一起来的文化。我们第一次经由一个同样的政治问题联合在一起：生态危机问题。

这种想法有一段历史，其转折点是 20 世纪 60 年代人类从太空看到地球的那一刻。那些图片以一种近乎神秘的力量，使我们感受到了地球的美丽，地球上生命的奇迹，以及地球在宇宙中占据的特殊而又平常的位置。是的，人类的地球美丽而唯一。

几乎同时，人们发现，她是脆弱的，或者毋宁说，人类行为的活力可能打乱她神奇的调节。而这种失调最终将威胁到人类历程的赓续。

这种想法并未立即为人们所接受。还需要几十年时间。20 世纪 70 年代产生于石油冲击的西方危机是出现生态警报后爆发的一次能源危机。但是，在当时人们所说的第三世界，生态问题尚不敏感。今天，2007 年开始的危机显示出了生态危机的全球性：在整个地球上都能感受到生态危机，它与经济失衡的关系不能再被忽视。生态不再只是"白人的重负"或"富人操心的事"，它成了所有人的事情。

就这样，地球上的人民超越差异，构建着一种共同的文化。这种文化由相互的认知和共同的想象编织而成。但它同样也产生于对所有人共同感受到的生态危机的新的觉悟。

这种文化的一个征兆，就是迈入 21 世纪时嘈杂但却真实的和平景象，这与 20 世纪可怕的暴力情景迥然异趣。在经历了一万年来新石器时代的踟蹰不前后，工业革命突然释放出来的新的强大力量导致了 20 世纪的暴力。广岛原子弹爆炸引起的惊愕促使人类的进攻性能量回归了常态。这种能量被引导到了生产、贸易和致富上。但人们相互间和平的达成却是以暴力被转嫁于自然之上为代价的。

我们必须改变，否则伤痕累累的生物圈中积累的暴力，就将无可阻挡地转而加诸人类身上。

防止气候变化，遏制传染病流行，有节制地利用自然资源，这一切都需要超越出自本能的争夺、日积月累的失望和长久以来的互不信任，而诉诸集体理性。这种理性应当转变为团结一致的行动，应当构成一种全球文化，它可以使每一种文化得到丰富，而不使任何一种变得贫乏。列奥波尔德·塞达·桑戈尔（Léopold Sédar Senghor）曾写道："在给予和收受相会之处，达致普世的文明。"①

地缘政治的新规则

任何事情都不容易。人民利益与领导阶级利益的矛盾同国家间关系以及人类共同利益之间经常出现的紧张相互交织在一起。自新石器革命起，人类建立的王国、帝国和国家之间就有了利益的博弈，这种传统的博弈使得它们相互对峙，每个国家都想扩张其势力，或只是在面对邻国威胁时捍卫自己的权利。战争并非不可避免，但是，争夺比结盟更常发生。

势力范围和力量对比的这种博弈，贸易和军事力量的这种妥协，宗教热忱和和平愿望之间的这种不稳定的和谐，决定着世界地缘政治的形势。一切都表明，剑锋正在磨利，美国的军事优势刺激了以中国为首的新兴国家迎头赶上的愿望，形成了一场针对能源、粮食和矿产资源的普遍竞争，而这一切又加剧了生态失控。

这样的历史本可事先写就，可以叙述面对人口激增时强权的游移不决，面对被压抑的欲望不可避免地高涨时秩序受到的撼动，以及用战争方式解决被激化的争夺对人们愈来愈大的诱惑。

但是，全球生态危机改变了国际关系的传统逻辑：共同的危险呼唤一种共同的应对。无论是生态的大紊乱，还是失控的传染病的扩散，都将使所有人遭罪——所有人都已经遭罪，人人都轮番遭受着旱灾、热浪、水灾、核事故之苦。全球化导致经济依赖，致使一个地区性重大事件会沿着国际贸易和交流渠道引发连锁反应。当别人遭受灾难时，地球上的任何隔离都不能保证安全。谁也逃不脱共同的命运。所有人获救，或所有人灭亡。任何一个团体都不可能长久地从一时的优势中获益，合作成为每个人的利益之所在，而个人利益也同所有人的利益融为了一体。

这种先是被迫的、继而成为一种选择的团结一致的逻辑，成了抗衡经典的地缘政治理由的力量。但是，谁也不能预言，民族或寡头势力的自私不会使平衡最终倒向导致暴力的争夺这一边。同样，会有许多国家像"偷渡客"一样，希望从别国的努力中获益而拒绝自己付出努力。但是，全球生态危机改变了局势：面对冰冷的国家理由，令人振奋的未来世界的理由正在确立起来。

关于"普世"价值

这种共同理性得以应用的一个方面，便是大气层：自 1992 年通过联合国气候变化框架公约以来，围绕这一公约进行了紧张、艰苦，往往令人失望又充满了坎坷和倒退的全球谈判，但这种谈判仍然成为世界各国聚会的主要场所。其他谈判涉及的都是重要但局部的问题，而那些声称具有"普世"使命的谈判，如贸易谈判，则长久地陷入泥沼之中。世界外交中占主导地位的问题，一直是面对气候变化危险，如何分享和管理大气层的问题。

大气层是什么？是一种共同财富。任何以温室气体排放的方式占有其他国家更多份额的做法，都是不正当的、成问题的。

随着能源和生态方面的矛盾尖锐化，其他共同财富也会摆上台面：海洋、北极、南极、太空、货币。

从力量对比的角度去分析那些终归要达成一个满意结果的商谈就过于简单化了。因为，在将会提出的无数问题的厚厚外衣下，隐藏着一个微妙的问题，这个问题中掺杂着哲学和历史的怨恨。人们对这个问题给出的答案，将决定长期谈判的成功或失败。这个问题可以以这样的方式提出：根据我们对生态危机的知识可以预见到的全面性灾难，是否确实存在一种普遍性，可以从中推导出某些"普世"价值呢？

回答这一问题的困难在于，对普世性做出最广泛的理论阐述的正是西方，而这种阐述往往是西方自诩拥有一种特殊的优越性："我们是优越的。"在大分流时代的短暂间歇中，西方似乎这样说："因为我们懂得从普世角度思考问题。"那么，在呼吁大家紧急行动起来，以应对一种无论如何都需要所有人付出艰难努力的威胁时，是否会出现一种西方殖民主义的变种，在西方走向衰落时为它找到一个救生圈，以防止其他人追赶上来呢？

但是，时间在流逝，大汇流在前进，西方在归队。在回答对西方文明作何感想的提问时，甘地曾揶揄道："我想这会是一个好主意（It would be a good idea）。"确实如此。

"普世"问题就是"普世"问题，它们不是西方国家的问题。然而，西方国家只有做出明确的选择，减少它们的物质消费，减少它们占有生态空间的比例，才能证明它们的诚意。

"全球普世价值并不是赋予我们的，"伊曼纽尔·沃勒斯坦（Immanuel Wallerstein）写道，"而是由我们创造的。人类确定这些价值的事业是人类伟大的道义事业。但是，只有当我们能够超越强者的意识形态视角，转向真正地共同评判何为善时，我们才有希望完成这一事业。这需要一种比我们迄今为止所建立的结构更要平等得多的结构。"②

什么才构成毋庸置疑的"普世"价值？共同的善。理性地运用共同的善意味着什么？一种由所有人决定并确保其长存的公平分享。例如，在全球层面和地方层面的民主，因为，对于一个国家而言，要求对公共空间享有平等的权利，在本国却对资源进行不公正的分配，是不合理的。

民主并不是西方价值——这尤其是因为，西方逐渐偏向了寡头制，对民主仅保留了其外在形式，主要是选举制度，而实际权力已转移到金融大亨们的手上。无论对被剥夺了行动自由的西方人来说，还是对疲于忍受其统治者剥削的贫苦人民而言，民主都是一种热切的向往。

让我们提出一种设想，新石器时代曾促成了金字塔型权力体制各种机构的建立，在此期间，民主一直只是一种不完善的例外，这一时期只是人类政治史上的插曲。一些大胆的思想家提出，在长达几十万年的旧石器时代，民主曾是人类社会的正常状态，许多狩猎采集社会的组织形态为此提供了证明。③

相较于新石器时代，进入生物石器时代意味着要建立一种新的政治形态，在此形态下，人类社会将从地方层面——它在新石器时代被国家所控制——到全球层面——这一层面并不为新石器时代所知，或只是国家争夺的场所——发明出一种普遍的民主制。

这种新的政治形态意味着，资本主义在其最后阶段达致的歇斯底里的个人主义将要退潮，人们将皈依在许多贫穷国家依然幸存的团结一致的价值观和共同体价值观。

但共同的善的世界政治还涉及另一种"普世"价值：西方人所说的"自然"。16世纪以来，西方文化发展出一种对世界的看法，它将人类精神同缺乏任何内在性的整个非人类区分开来。④工业革命的成功正是建立在这种对物质世界的看法之上的，物质世界不会说话，因此可以任意地将其工具化。人们知道工业革命这一巨大行动的后果，它不仅导致了生态危机，而且赋予了人类本身一种改造环境的如此强大的力量。以至于按照许多科学家的说法，人类已经成为一种地质学力量，这种力量在人类将自己与自然区隔开来的哲学取得成功的同时，也推翻了人类自身的立身原则。作为一种自然力量，人不能再被置于自然之外加以思考了。

这种二元论哲学似乎也影响了其他传统下的人们，例如，在粗暴对待环境方面，中国或日本并不亚于西方人。生物石器文化将致力于使技术适应整个生物界的节奏和完整性。在这种文化中，我们似乎应重新定义一种宇宙论，给"炁"（气）、精神、本性、意识、本质等观念留出位置，乃至赋予其正当性，因为所有这些词都反映了人类在漫长年代里对世界是什么、世界中有什么的认识，它们既非物，又不外在于物。

若干年来，一个宇宙论命题引起了重要反响，它为不仅与公共效用有关也与整体意义有关的全球对话开辟了道路。安第斯地区人民提出的 Pacha Mama（大地母亲）观念⑤标志着与西方现代性的决裂：在此观念中，自然并不因其效用而具有价值，自然本身就承载着特有的价值。在此意义上，自然与社会并不互为外在者。

一种关于人们所说的"自然"的新观念不可能不导向受到现代世界大力抑制的精神性。经济失控，生态破坏，炫耀性的争夺，这也是精神上显现出来的全面危机的一种表现。美国沉醉于新教主义宣称其为"上帝拣选的民族"、无须求助于任何人的自我吹嘘的歇斯底里。欧洲以一种战斗的无神论突显自己，以致成为无神论教条主义者。几乎在所有地方，追求无止境的物质利益似乎弥补了被窒息的灵魂的空虚。

在此，我们不能对宗教狂热保持沉默，它鼓励了太多的宗教改宗战争和流血争端，有时它也会成为攫取他人财富的一种借口，成为强权争斗的代理人。这些都不能阻止对物质的追求在压抑人类的精神性倾向的同时，也使我们这个物种变得贫乏，并使我们的心灵干涸。必须减少物质消费，这不仅是一种理性行为的要求，也是对物质主义价值观的质疑所使然。这样做的结果必然会在哲学上得到延伸，全球文化将不会拒绝不同信仰间的对话。

时代蕴藏着一种被压抑的激情，它伸展向精神世界，伸展向超越人类经历并赋予其意义的宇宙。我们将改变感知奥秘的这千百种方式，使之汇聚成一种普世性的尝试。

新地缘政治的重心

无论如何，各国人民都会将他们的利益和他们的期望加以比照，而在地缘政治领域，人们最关心的是能源问题。能源问题表现在两方面：首先，在化石能源逐渐枯竭、能源价格提高的背景下，如何获取现有能源和新能源。其次，面对气候变化危险，如何对各国的政策进行必要的协调。

然而，人类处在一种矛盾的局面之中：我们拥有太多的化石能源。如果从现在到 2050 年，人们要想避免气候暖化超过 2 ℃，就必须将此期间的二氧化碳排放量控制在 1 万亿吨之内。但能够以可接受价格获取的石油、天然气和煤炭的二氧化碳排放量要远远超过此上限。因此，如果想要限制气候变暖，就必须限制石油、天然气和煤炭的消费。

因此，在以可接受价格的能源支持经济增长的目标和气候平衡的目标之间存在着巨大的矛盾。

这一局面使缺乏化石能源的国家和拥有化石能源的国家之间产生了利益上的分歧。[6]前者必须通过各种税收和规定自动减少它们的化石能源消费。但是，如果提前让它们的经济适应高于当时市场价格的能源价格，相比那些按市场价格运作的国家，它们就削弱了本国经济的活力。至于拥有化石能源的国家，则无论是通过对外销售能源，还是因为国内低价消费能源，它们都会从能源价格上涨中获益。

拥有化石能源的国家这样做，其行为就像一个"偷渡客"，也就是说，它们从前者减少能源消费的努力中获益，自己却不减少温室气体排放。缺乏化石能源的国家就应该以气候变化的危险为理由，向拥有化石能源的国家施加压力。

但是，如果所有国家做不到减少总消费量，对能源资源的争夺就会激化，而气候变化也会加剧。那样的话，战争就将成为一种可能实现的假设。

另一种同样现实的假设是，在以更高代价获取资源和必须减少温室气体排放这两者之间犹豫不决，但冲突却仍能得到控制。

在此情况下，最有条件进入未来世界的国家，可能是那些拥有少量化石能源的国家。因为它们会做最好的准备，去采取那些拥有碳化能源的国家在能源枯竭时迟早必须采取的行动。

那些通过发展技术能力，或通过加强文化功能，或者双管齐下以节约能源的国家，最终会成为最具优势的国家。那些最好地掌握了新能源——太阳能、风能、生物量能、地热能、海洋能——的国家，也将具有优势。

在当前形势下，出现了一种新的结盟逻辑，缺乏化石能源的国家应当联合起来，以通过一项防止气候变化的政策，而另一方则是拥有化石能源的国家，它们也会承受气候变化的影响，但在近期却试图尽可能地使销售石油、煤炭和天然气的盈利最大化。

欧洲的美好前景

"欧洲联盟是一份人类遗产，它不再只属于欧洲人。每当世界其他地方的人们谈到区域一体化，他们的目光就会转向欧盟"，巴西人路易斯·伊纳西奥·卢拉这样说道。⑦欧洲又在哪些方面做出了新的榜样呢？在经历了血腥战争中的相互残杀和非人道的可怕灾难后，欧洲终于回归了自我，开始寻求实现自古罗马以来欧洲联合的千年旧梦。但这种联合并不强求一律，而是将不同民族与文化联合到一项共同的计划之中，同时保留每个民族与文化的特性，正如安伯托·艾柯（Umberto Eco）所说，是将各种特性融合在一起，"却又不使它们混淆"。⑧

欧洲联盟是世界第一大经济体，其国内生产总值超过美国（译者按：2008 年欧盟 GDP 曾高达美国的 1.1 倍，但现已远落后于美国）。欧盟比美国吸引了更多的留学生——130 万人，而北美为 85 万。⑨欧盟建立起了世界上独一无二的社会保障模式和有效的公共服务，并且基本免除了腐败的影响。

对于未来而言，它还拥有一个至关重要的优点：相较于其经济实力，它消耗了相对较少的能源，人均比美国少一半。[10]欧洲还有另一个长处：它基本上没有化石能源储藏。其能源对外依存度将从 2010 年的 50％上升到 2022 年的 70％。因此，它必须制订一项严格的节约能源和开发新能源的政策，换言之，即培育将成为未来经济优势的节俭和效率的价值观。这种节俭政策将强化其在气候变化谈判中的外交地位，因为节约能源政策将使其大大减少二氧化碳排放，这就将其不得不做的事情转化为道德优势。

然而，自从 2007 年爆发金融危机后，欧洲经济似乎陷入了不景气之中。这种不景气的原因就像岩间溪水般清澈：精英们背叛了建立在公民主权的民主原则之上的欧洲理想。一系列条约支持了金融自由：把创造货币的权利交给私人银行，禁止欧洲中央银行贷款给各成员国，禁止成员国限制资本流动，在税收方面做出决定需成员国一致同意（这有利于财政倾销），赋予欧盟委员会过大的权力，但它却不是一个选举产生的机构。实际上，欧盟已经逐渐被金融系统控制在了手中。

2005 年，法国、爱尔兰、荷兰人民在全民公决中否决了欧洲宪法条约后，这一条约却几乎原封不动地由各国议会予以批准，这件事成了标志欧盟对民主的背叛的转折点。而且，这一条约在权力机构的设计方面如此糟糕，竟导致这些机构没有能力有效地应对危机。寡头势力强奸了人民主权，却只得到一个可悲的结果。

欧洲将是人民的欧洲，或者它将不复存在。正如戴高乐曾说过的那样，"欧洲的机制应当由欧洲人产生，也就是说，通过欧洲公民普选的民主方式产生"⑪。

欧洲的另一个不利因素是英国在其中所占的位置。当然，并不是要基于原则开除这个伟大而高贵的国家。但是，自从撒切尔首相在英国发起资本市场的普遍自由化运动以来，伦敦的金融城成了一种强权，它能将其政策强加于一个经济上依附于它的国家。事实上，金融城已成为世界上最大的避税天堂。因此，除了英国一直以来始终对欧洲联合表现出的保留之外，又加上了一个金融方面的理由，使得欧盟在税收和货币方面采取的所有必要措施都会受到伦敦的反击。一个回归民主的欧洲，只有在没有英国的情况下才能建成——当然，除非英国人民发动革命……况且，苏格兰，可能还有威尔士，正在与英格兰拉开距离，或许可以说，它们正从伦敦金融城的控制下解放出来。也许人们最终可以将金融城孤立起来。

　　欧洲的另一个大问题，是其能源和生态政策问题。我们看到，对节俭所下的赌注将使欧洲走上未来之路。但是，必须考虑这一选择的地缘政治后果。第一个后果与俄罗斯有关：在文化上和战略上，俄罗斯都是欧洲的一部分。欧洲天然气主要来自俄罗斯。尽管这个幅员极其辽阔的国家今天掌握在最为冷酷的寡头势力手中，但它仍是欧洲一个应受到特别重视的伙伴，甚至还不止如此。尤其是，如何同俄罗斯一起制订一项共同的生态和气候政策呢？

　　欧洲的特殊处境的另一个方面是，能源的匮乏使其同发展中国家，同缺乏能源资源的新兴国家，以及日本，有了共同的利益：因为这些国家也十分担心气候变化，十分希望拥有摆脱化石能源的新的经济和技术手段。这种新同盟的逻辑有着坚实的基础，因为欧洲同各大洲的人民有着长远的关系——其理由众所周知——而且，今天欧洲在军事上已不再具有威胁性。欧洲的力量，在于它在能源和好战方面的弱点。但是，它承载着民主的理想（尽管理想受到了严重的伤害），它拥有恢复了活力的文化多样性，它有着在生态领域和平地结盟的愿望，而这一愿望会在世界各地许多人的心灵中和思想上引起反响。

这就导致摆脱了金融寡头的欧洲必须作出一个政治决断：面向世界的欧洲应当同美国拉开距离，已经有太多的东西把欧洲与美国区分开来。欧洲维护社会的团结一致，它为应对气候变化作出努力，它转向节约能源，它减少消费，它不想成为一架庞大的、可怕的战争机器。如果美国不改变的话，欧洲就不再有多少事情要同美国一起做了。

在美国：沉沦或混乱

美国是强大的国家，这毋庸置疑。美国在信息和生物技术领域一直领先全球，这没有疑问。美国的人口富有活力，这也是事实。美国拥有巨量的资源，包括页岩气和页岩油。这些都使美国得以推迟最后期限的到来。

然而，这个世界上或许也是人类历史上最强大的社会，已病入膏肓。它得病是因为什么东西都太多了，正如这个国家肥胖症患者的惊人数量所证明的那样：根据官方卫生机构的统计，美国成年人中有三分之一患有此症。⑫肥胖症的原因很简单：吃得太多。在美国，人们吃得太多，消费太多，丢弃太多，污染太多。这是一个浪费的社会。

美国还有另一个问题。它自称是，也被视为是一个保障个人自由的国家。然而，很少有人在个人生活中像美国人那样受到约束。他们不仅受到多吃多消费的教育，而且还受到电视的伤害（平均每天要看 4 小时电视），他们淹没在了广告和电视节目之中，而那是为了让他们一直平庸下去而设计的。学校让他们从小就习惯于服从。债务比任何锁链都更牢靠地束缚着他们，迫使他们遵守规矩：美国大学生的总负债额超过1万亿美元，一个刚刚开始生活就背负着3万美元债务的年轻人，是不会去冒奋起反抗、丢失工作的风险的。美国家庭总负债额达10万亿美元，即包括老人和婴儿在内每人3.3万美元。美国监狱的监禁率创世界纪录，贫困阶级被牢牢地控制起来。

美国人民成了寡头势力亦即华尔街的主人们的囚徒。在世界上任何其他国家，亿万富翁都没有如此多的钱，也没有对政治、对媒体如此大的权力。这些人也是最反动的，最不愿意放弃任何东西的，最厚颜无耻的。正是那些资助散布气候变化怀疑论的机构的人在支持茶党。

美国民主终结的日期可以确定：2010年1月，美国最高法院决定不再对企业向竞选人或政党捐款设定限额。这一题为《联合的公民》的裁决裁定，企业与公民享有同样的言论自由权。在美国，大法官们认为，一头大象和一只小耗子的重量相等。

是的，我们和美国之间存在着问题。人们很难看出这个国家会自己决定减少物质和能源消费。在文化上，这个国家似乎被卡死在了"美国生活方式"上。而且，页岩气和沥青砂使其得以将能源价格保持在一个适度的水平上，从而支撑着这种生活方式勉强维持下去，尽管这是以对其国土的破坏和大量甲烷的排放为代价的。而如果美国人不改变其生活方式，那么，为什么印度人、中国人、巴西人和地球上的其他居民不能仿效呢？

美国还存在另一个问题。这是一个高度武装起来的国家。美国人拥有 3 亿支枪，几乎每个居民一支。这个国家还拥有世界上最强大的军队，它的军事开支几乎占到全世界的一半。这一预算反映了军事—工业压力集团力量的强大，这个集团关心的是持续保持国际冲突的烈度。一些分析家认为："这样的利益需要一个习惯上的对手，美国人相信中国就是他们要找的那个对手。"⑬

每天要面对暴力的心理状态，控制媒体的强大力量，军队的重要作用，这一切都显示，用暴力手段回应日趋恶化的问题，对美国寡头势力有着极大的吸引力。美国成了对和平的威胁。但是，美国自身或许会分裂。抑或，它会改变立场转而拥抱幸福的节俭生活⋯⋯

"疯子才蔑视未来"⋯⋯

富国应减少其物质消费，这一想法是本书的核心所在。但是，大汇流意味着平等，因而也意味着责任的分担。"崛起"和摆脱托管也产生新的义务：未来取决于所有人。

而且，人们惊讶地发现，所谓北方国家和南方国家面对的问题又是多么相似：生态的冲击，资源价格的上涨，增长的放缓，还有最关键的一点，不平等的普遍化阻碍了采取必要的政策措施。

历史在前进，其动力与 70 亿人的活力成正比，70

亿人是 70 亿份创造性的智慧，它们相互连接，并通过 10 亿台电脑得到扩展。一个新的世界开始了。

科学家们告诉我们，新石器时代发生的地质年代是全新世，这是一个有利于农业发展的气候稳定的时期。工业革命以来人类发挥出的行为能力使其变成一种地质学力量，一些地质学家和气象学家解释说，我们从此进入了一个被称为"人类世"（anthopocène）的新时期。

在这个新时期，我们还要以新石器时代征服的、粗暴的、高效率的、破坏的心态来度过吗？这可能导致我们今天这个覆盖一切的文明的毁灭。抑或我们能够创造出与生物界的演化节奏以及地球上的资源相协调的生物石器时代？

我们对于未来已经知道得足够多了，因此，我们也应该知道当下应当做些什么。"未来是最好的顾问，"法国一位智者曾这样说，"只有疯子才蔑视未来。"⑭但是，我们人类不是疯子。

注释

① Senghor, Léopold Sédar, *Liberté* 3: *Négritude et civilisation de l'universel*, Seuil, 1977.

② Wallerstein, Immanuel, *European Universalism. The Rhetoric of Power*, The New Press, 2006, p. 28 (tad. fr. *L'Universalisme européen*, Demopolis, 2008).

③ Baechler, Jean, *Démocraties*, Calman-Lévy, 1994; 也可参见 Graeber, David, *Pour une anthropologie anarchiste*, Lux, 2006; Clastres, Pierre, *la Société contre l'État*, Minuit, 1974.

④ Descola, Philippe, *L'Écologie des autres*, Quae, 2001.

⑤ Gudynas, Eduardo, "La Pacha Mama des Andes: plus qu'une conception de la nature", *La Revue des livres*, mars, 2012.

⑥ Prévot, Henri, "La nouvelle géopolitique du carbone", *Esprit*, juin 2010.

⑦ Paranagua, Paolo A. , "Leçon de science politique, par une 'rock star' nommée Lula", *Le Monde*, 30 septembre, 2011.

⑧ Eco, Umberto, "La culture, notre seule identité", *Le Monde*, 26 janvier 2012.

⑨ " L'Europe, première destination des étudiants étrangers", *Le Monde*, 11 mars 2012.

⑩ Eurostat, "Consumption of energy", Eurostat, http://epp. eurostat. ec. europa. eu/statistics _ explained/index. php/Consumption _ of _ energy, consulté le 2 juillet 2012; EIA, "International energy statistics", www. eia. gov/cfpps/ipdbproject/IEDIndex3. cfm?tid=44&aid=2, consulté le 12 juillet 2012.

⑪ Gaulle, Charles de, conférence de presse du 14 novembre 1949.

⑫ Ogden, Cynthia et al. "Prevalence of obesity in the United States, 2009-2010", *NCHS Data Brief*, n° 82, janvier 2012.

⑬ Lagadec, Erwan, "La réalité n'est pas celle du déclin de l'Occident et du triomphe des BRIICS", *Le Monde*, 20 juin 2012.

⑭ *Pensées et maximes*, Malesherbes, Guillaume-Chrétien Lamoignon.